AP[RENDE] A GESTIONAR EL TIEMPO FÁCIL☑ MENTE

Slavica Bogdanov

terapias verdes

Título original: *Domptez votre emploi du temps, c'est parti!*
Editor original: Éditions Jouvence, Saint-Julien-en-Genevoix, Francia, Genève, Suiza
Traducción: Amelia Ros García

1.ª edición Noviembre 2018

Copyright © 2017 *by* Éditions Jouvence
All Rights Reserved
© 2018 de la traducción *by* Amelia Ros García
© 2018 *by* Ediciones Urano, S.A.U.
Plaza de los Reyes Magos 8, piso 1.º C y D – 28007 Madrid
www.terapiasverdes.com

ISBN: 978-84-16972-50-0
E-ISBN: 978-84-17312-49-7
Depósito legal: B-20.751-2018

Fotocomposición: Ediciones Urano, S.A.U.

Impresión: LIBERDÚPLEX
Ctra. BV 2249 Km 7,4 – Polígono Industrial Torrentfondo
08791 Sant Llorenç d'Hortons (Barcelona)

Impreso en España - *Printed in Spain*

La autora

Nació en Belgrado y creció en París. Actualmente, Slavica Bogdanov vive en Estados Unidos, después de pasar unos años en Canadá, donde realizó sus estudios universitarios, que culminó con un máster en Historia. Emprendedora autodidacta, ha sabido destacar rápidamente gracias a su presencia en las redes sociales. Asesora especializada en la consecución del éxito, durante quince años ha ayudado a las empresas a mejorar sus ingresos. En la actualidad, es *coach* personal, formadora y autora que inspira, motiva e impulsa a sus clientes hacia el éxito.

Ha escrito más de 30 obras de desarrollo personal. Sus campos de especialidad son: la ley de la atracción, las estrategias y los diseños de las fases para alcanzar el éxito, la gestión del tiempo profesional y personal, y el aumento de la autoestima.

De la misma autora:
Cuaderno de ejercicios para practicar la ley de la atracción, Terapias Verdes, Barcelona, 2016.

Página web de la autora: www.slavicabogdanov.ca

Me llamo

....

....

y me comprometo a...

Prometo cambiar mi gestión del tiempo antes del ....
.... *(escribe una fecha límite) y*
conseguir .... *(número de horas libres deseadas)*
para ....
....
....
....

(escribe una razón para desear más tiempo). Esto me permi-
tirá ....
....
....
....

(escribe tus motivaciones). Realizaré el esfuerzo necesario
para modificar mis hábitos, así como mi conducta.»

(Firma tu compromiso.)

Índice

Primera Parte
¿Por qué es tan importante gestionar bien el tiempo?

Segunda Parte
Controlar tu tiempo para elegir tu vida

Introducción

Me gustaría ir al cine, ver esa nueva exposición, hacer un curso de fotografía y plantar en el jardín esas flores de las que hablo desde hace meses..., pero, simplemente, ¡no tengo tiempo! ¿Cuántas veces has oído esta frase a tu alrededor, y cuántas la has pronunciado tú mismo?

¡Alto! ¡Ha llegado el momento encontrar tiempo... para vivir! El tiempo está ahí, no hay que buscar muy lejos, basta con ser consciente de ello y cambiar los (malos) hábitos.

Esta obra te ayudará a recuperar el control del tiempo y a tomar realmente las riendas de tu vida para decidir cómo quieres que sea, en lugar de sufrirla, gestionando tu tiempo con más eficacia.

Todos disponemos del mismo número de segundos cada día. Sin embargo, algunas personas parecen tener mucho más tiempo libre, mientras que otras parecen ir siempre corriendo para recuperar el tiempo perdido.

Las personas que triunfan son las que han aprendido a controlar y optimizar el empleo que hacen de su tiempo. Esta gestión eficaz es una de las bases de su éxito. Son capaces de realizar más cosas en un lapso de tiempo mínimo. También son capaces de liberar más tiempo para los amigos, la familia y el ocio.

La finalidad de este libro es que ahorres miles de horas anuales mediante sencillos trucos y estrategias que puedes aplicar todos los días, tanto en tu vida personal como en tu trabajo.

Por mi parte, no solo he puesto en práctica todos los consejos de esta obra, sino que mi experiencia como *coach* me ha permitido observar importantes cambios en la vida de las personas que acompañaba. Todas ellas han dispuesto rápidamente de más tiempo. Su familia y su entorno han percibido estos grandes progresos y también se han beneficiado de ellos.

Cuanto más integres los ejercicios propuestos en tu vida diaria, más resultados definitivos conseguirás. Al principio necesitarás tener la mente abierta y estar dispuesto a salir de tu zona de confort, ¡pero merece la pena!

¡RECUERDA QUE...

Lo que no controlas te controla. Si no gestionas tu tiempo, serás una víctima del tiempo que pasa demasiado rápido.

Test

¿Qué relación mantienes con el tiempo?

1/ ¿Te sientes superado por los acontecimientos?

☐ *sí* ☐ *no*

2/ ¿Te sueles quejar de falta de tiempo?

☐ *sí* ☐ *no*

3/ ¿Tu agenda está sobrecargada y no consigues realizar todas las tareas previstas? ☐ *sí* ☐ *no*

4/ ¿Tu agenda está sobrecargada y no consigues realizar todas las tareas previstas? ☐ *sí* ☐ *no*

5/ ¿Las semanas pasan demasiado deprisa, unas tras otras, todas iguales? ☐ *sí* ☐ *no*

6/ ¿Dejas siempre para el día siguiente tareas que son importantes? ☐ *sí* ☐ *no*

7/ ¿Te sientes cansado y estresado por correr sin parar?

☐ *sí* ☐ *no*

Si has respondido «sí» a la mayoría de las preguntas, ha llegado el momento de que recuperes el control. Al hacerte con este libro, ya has dado un gran paso hacia la solución. Ahora vas a demostrar que tienes la voluntad y la motivación para mejorar tu vida.

Seguir los consejos de esta obra tiene muchas ventajas. Entre otras:

- Lograr tus objetivos personales y profesionales con más eficacia.

- Reducir el estrés, la inseguridad, la tensión y la presión en el trabajo.

- Mejorar tu estado general de salud.

- Sentir una mayor satisfacción cada día y obtener mejores resultados.

- Aumentar la confianza en ti mismo y la autoestima.

- Realizar más tareas con menos esfuerzo.

- Sentirte más concentrado y sereno.

- Tener más energía.

- Ser más productivo en el trabajo.

- Estar más presente, sentirte menos preocupado en tu tiempo libre.

- Disfrutar de un mayor equilibrio entre tu vida familiar y tu vida profesional.

Antes de iniciar esta apasionante aventura por el corazón del tiempo bien gestionado, empieza por perdonarte tus errores pasados y todo ese tiempo que consideras haber perdido.

Nunca es demasiado tarde para hacer bien las cosas. Ya estás en el camino del éxito gracias a este primer paso: tu decisión de cambiar. ¡Bravo! Esto es siempre lo más difícil.

A lo largo de este libro, **dedica tiempo a celebrar tus victorias y las horas que ganes.** Tendrás momentos de duda, en los que no te darás cuenta de tus progresos. Párate de vez en cuando con el fin de percibir tu éxito y felicitarte por ello.

La primera pregunta que debes hacerte es la siguiente: ¿hasta qué punto deseas mejorar tu vida? ¿Cuál es tu nivel de motivación? El éxito se logra con disciplina y perseverancia. Una vez que hayas cambiado de hábitos, la vida será cada vez más fácil. Disfrutarás a diario de beneficios incalculables en términos de tiempo, calidad de vida, salud y dinero.

¿POR QUÉ ES TAN IMPORTANTE GESTIONAR BIEN EL TIEMPO?

CAPÍTULO 1

COMPRENDER CÓMO ES TU RELACIÓN CON EL TIEMPO

Eres dueño de tu tiempo. En consecuencia, tienes la libertad de modificarlo a tu antojo. Recuerda que el tiempo no es lineal. La linealidad del tiempo es un concepto indispensable para calcular su transcurso. Sin embargo, no olvides que es maleable. Es de todos conocido que, cuando una ocupación nos apasiona, el tiempo parece pasar a una velocidad vertiginosa. Pero, si nos aburrimos, parece discurrir con cuentagotas.

¿Cómo hay que percibir el tiempo?

Como sin duda sabes, el tiempo es dinero. Cuanto más tiempo libre tengas, más puedes dedicar a aumentar tus ingresos y disfrutar plenamente de la vida.

Imagina que, cada mañana, un banco ingresara en tu cuenta corriente un importe de 86.400 euros, pero no pudieras transferir el saldo al día siguiente. Todas las noches la cuenta se queda a cero, sea cual sea la cantidad que hayas utilizado. ¿Qué harías? ¡Sacarías todo el dinero!

En realidad, cada uno de nosotros dispone de ese banco. Ese banco se llama tiempo. Cada día nos concede 86.400 segundos. Cada noche, el tiempo que no hayamos utilizado de forma inteligente se elimina. El contador se pone a cero. Al día siguiente se nos ofrece un nuevo importe. Si no lo utilizas, lo pierdes. No hay vuelta atrás. No se puede ahorrar nada para el futuro. Debemos vivir el presente con lo que nos han ingresado hoy, invertir en todas las oportunidades que se nos presenten y disfrutar de momentos en buena compañía. El tiempo vuela. Debes gastar lo mejor posible lo que tienes hoy y ahora.

El tiempo es el único recurso personal que no podemos prestar. Todo el mundo dispone de la misma cuenta bancaria temporal. Las personas realmente ricas son las que consiguen disponer del tiempo a su antojo. La auténtica riqueza no se encuentra en el saldo de la cuenta corriente, sino en el libre empleo del tiempo.

La gestión eficaz del tiempo es la base de tu éxito o de tu fracaso. Gestionar tu tiempo equivale a gestionar tu vida.

La noción de «éxito» está íntimamente ligada a tu nivel de satisfacción personal. Esta, por lo general, implica alcanzar tus objetivos y conseguir un equilibrio estable entre tu vida profesional y tu vida personal. Estos dos elementos no pueden darse sin una gestión eficaz del tiempo.

La ley de Parkinson

En 1958, en su obra titulada *La ley de Parkinson*, Cyril Northcote Parkinson afirma que «el trabajo se expande hasta llenar el tiempo de que se dispone para su realización». En autor se apoya en su larga experiencia en la administración británica, que le ha permitido observar el comportamiento de los funcionarios y el aumento del número de empleados en los departamentos gubernamentales.

Su teoría se ha aplicado con frecuencia. El concepto que se extrae es que «cada continente se llena hasta su capacidad total y puede generar la necesidad de aumentar su formato». En la actualidad, esta ley se utiliza para explicar el aumento de memoria interna de los ordenadores. Cuanto mayor es la memoria de almacenamiento, más importante es la cantidad de información que la llena. Del mismo modo, cuanto mayor es tu casa, más muebles quieres.

Esta ley te permite darte cuenta del inmenso control que tienes sobre el tiempo. Si el trabajo se expande hasta llenar el tiempo disponible, basta con limitar ese tiempo disponible para realizar tus tareas más deprisa.

¿Te has dado cuenta de que haces las cosas con más rapidez cuando tienes la presión de acabar, antes de una cita importante, el día anterior a unas vacaciones largas o si te acortan el plazo de entrega? Puedes crear esta falsa urgencia en cualquier momento limitando tu plazo de realización.

Ser el dueño de tu tiempo

La mayoría de las personas no establecen una fecha límite para acabar un proyecto o lograr un objetivo concreto. Después, se preguntan por qué hace falta «una eternidad» para terminar el proyecto. Algunos se fijan plazos muy largos, postergando, de este modo, la finalización del trabajo y olvidándose de la fecha límite.

Mucha gente argumenta que ciertas tareas, sencillamente, no se pueden hacer más rápido de lo que han previsto. Sin embargo, hay numerosos ejemplos que demuestran lo contrario (personas que aparecen de repente para echar una mano, una cantidad de dinero inesperada que permite realizar el proyecto con más rapidez, etc.). A veces se dan circunstancias favorables que nos hacen la vida más fácil.

De todas maneras, no pierdes nada con probar. Si te fijas un plazo de dos meses en lugar de seis para lograr tu objetivo, lo peor que puede pasar es que tardes tres. Si mantienes tu fecha límite a los seis meses, habrás dedicado tres meses de más.

Para ser el dueño de tu tiempo, haz las cosas de forma urgente. No te eternices en cada acción.

Imagina que tienes una cita muy importante, durante la cual tienes que presentar tu trabajo, y que la cita se programa de inmediato. Imagina que cada día es un viernes que precede a unas largas vacaciones en un lugar paradisíaco, pero que solo tienes derecho a ellas si completas tu lista de tareas con rapidez y eficacia.

Obviamente, no es cuestión de hacer el trabajo de cualquier manera. También debes mantener la calidad. Sin duda, puedes encontrar el término medio. Imagina que tienes un entrenador a tu lado que te anima para ir un poco más rápido y un poco más lejos.

La ley de Pareto

En 1906, Vilfredo Pareto observó que en Italia, su país natal, un pequeño grupo de ciudadanos (el 20% del total) poseía la mayoría del poder y del dinero (el 80%) y que una mayoría de ciudadanos (el 80%) tenía muy poco poder económico o político (el 20%). Descubrió que el mismo fenómeno se producía en otros países y que la proporción se mantenía constante. De esta observación nació el principio del 80/20. Esta regla se aplicó después en el mundo de los negocios y en otros ámbitos.

Podemos utilizar esta misma regla en la gestión del tiempo. **El 20% de tus esfuerzos generan alrededor del 80% de tus resultados, mientras que el 80% de tus esfuerzos producen el 20% de los resultados.**

Si identificas qué pequeños esfuerzos producen grandes resultados, podrás concentrarte más en ellos. El éxito depende de la capacidad para concentrarse en los esfuerzos que tienen un efecto palanca y son más productivos.

Pararte a analizar el grado de implicación y los resultados te aportará un enorme ahorro de tiempo a la larga. En lugar de agotarte durante el 80% del tiempo que no produce más que un 20% de beneficios, ocúpate del 20% del tiempo que te procura el 80% de los resultados.

EN LA PRÁCTICA

Ahora mismo puedes reflexionar sobre ese 20% de tu vida. ¿Dónde se sitúa?

- *En tu vida profesional.* Haz la lista de las actividades y los clientes que generan un mayor retorno de la inversión.

- *En tus relaciones de amistad.* ¿Cuáles son las que te producen más bienestar y sentimientos positivos?

- *En tu tiempo libre.* ¿Qué actividades y deportes te hacen sentir mejor?

- *En el ámbito familiar.* ¿Qué tiempo dedicas a mejorar la relación con tu pareja o con tus hijos? ¿Qué es lo más importante para tus seres queridos y cómo respondes a sus necesidades? ¿Cómo puedes optimizar el tiempo que pasas con tus hijos para ofrecerles un modelo positivo, tener conversaciones profundas y hacerles saber que son importantes para ti y que los quieres? ¿Qué puedes hacer cada día para desarrollar relaciones duraderas con las personas de tu entorno?

Cuanto más te concentres en el 20%, más fulgurantes serán tus resultados. De este modo, liberarás actividades que forman parte del 80% y las convertirás en ocio. La finalidad es rentabilizar aún más el tiempo para establecer una proporción de 19/81 o 18/82. Cuanto más desarrolles ese 20%, más importante será el retorno de la inversión.

¿Qué relación mantienes con el tiempo?

Corro detrás de...

Dedica un minuto a completar las frases siguientes, que te iluminarán sobre el estado actual de tu relación con el tiempo.

Nunca tengo suficiente tiempo para

....

Paso demasiado tiempo

....

No tengo objetivos definidos sobre

....

Me gustaría tener tiempo todos los días para

....

Siempre subestimo el tiempo necesario para

....

Doy muchas vueltas cuando debo

....

Suelo llegar tarde cuando

....

Me resulta difícil decir que no a

....

Me cuesta acabar

....

Cuando tenga tiempo, yo

....

No te asustes si el cuadro te parece sombrío. Ser consciente de tus carencias es superar una etapa importante. **Si eres honesto contigo mismo, conseguirás cambios positivos y duraderos que mejorarán tu vida y la de tus seres queridos.**

Dejo pasar el tiempo...

Confiesa también los beneficios que obtienes de esta falta de tiempo. Son lo más pernicioso. Si permaneces en una situación que te parece negativa, es porque te aporta alguna ventaja (quizás de forma inconsciente). Si no obtuvieras ningún beneficio, habrías cambiado las cosas inmediatamente.

Algunas de esas ventajas ocultas pueden ser:
- Prefiero quedarme con mi problema que afrontar un cambio en mis hábitos.
- No puedo imaginar que me merezco algo mejor.
- Vivo sensaciones fuertes que me gusta experimentar cuando estoy bajo presión.

■ Recibo gratificación y reconocimiento porque, para los demás, trabajo mucho, ya que siempre estoy muy ocupado.

■ Estas circunstancias me permiten huir de otras realidades que me cuesta afrontar. De este modo, no tengo tiempo para enfrentarme a mis problemas familiares, económicos o personales.

Sé honesto en tus respuestas. Junto a cada beneficio oculto y pernicioso, escribe una ventaja que te aportará una gestión eficaz del tiempo. Una de esas ganancias podría ser resolver de una vez por todas los problemas de los que huyes.

EN RESUMEN

■ **La ley de Pareto** te enseña que el 80% de tu tiempo es tiempo perdido. Es fundamental concentrarse en las acciones que producen más beneficios en tu vida.

■ Según la **ley de Parkinson,** siempre llenarás el periodo de tiempo que te hayas marcado para realizar una tarea. Puedes hacer mucho más en menos tiempo.

■ Con el fin de cambiar y disfrutar de más tiempo libre para ti, **debes ser consciente de cómo es la relación que mantienes con el tiempo.**

CAPÍTULO 2

LAS VENTAJAS DE GESTIONAR BIEN EL TIEMPO

La gestión eficaz del tiempo es el factor determinante e intrínseco del éxito. El éxito puede tener distintos significados para cada uno de nosotros. Sin embargo, es indudable que, sin perjuicio de la definición que le demos, necesitamos tiempo para conseguirlo y conservarlo.

Tiempo = riqueza

El tiempo es una inmensa riqueza, tanto en el plano del desarrollo personal como en el del éxito social y económico.

El dinero se traduce en el tiempo que se ofrece para la realización de una tarea remunerada. Puedes calcular tus gastos temporales asociándolos a un valor monetario. Ahora mismo puedes hacer un presupuesto temporal analizando los ámbitos en los que gastas más.

Si cambias tu manera de pensar y mejoras tu relación con el tiempo, habrás dado un gran paso hacia una gestión eficaz.

El tiempo de la libertad

Se dice que «el tiempo es dinero». Por lo tanto, malgastar el tiempo es malgastar el dinero. De forma paralela, podríamos imaginarnos fácilmente que el dinero compra tiempo. **Por cada unidad monetaria acumulada compras un minuto de libertad, de tiempo libre.** Consigues una fracción de tiempo en la que no te sientes obligado a trabajar. Por ejemplo, cada unidad de dinero te brinda una unidad de jubilación. Desde esta perspectiva, el dinero acumulado te proporciona tiempo que puedes utilizar alegremente.

De forma inconsciente, la mayoría de las personas trabajan para no tener que trabajar, en lugar de hacerlo por placer y no por obligación. Muchas venden su tiempo para gastarse ese dinero en su tiempo libre, cambian el tiempo por el dinero.

EJEMPLO

Los amos indiscutibles de este mundo han entendido este principio perfectamente. En lugar de esforzarse por ganar dinero, hacen que el dinero trabaje para ellos. Invierten una parte de su capital en distintas fórmulas que les permiten vivir de los beneficios. Es lo que se llama «ingresos pasivos». De este modo, los rentistas poseen el tiempo necesario para buscar nuevas formas de «hacer» más dinero sin tener que mover un dedo, o casi. También han comprendido la manera de invertir el tiempo y de utilizar el efecto palanca para obtener un mayor rendimiento.

Por lo tanto, la fortuna no se mide en moneda corriente, sino en tiempo libre acumulado. La persona más rica del planeta es la que puede utilizar todo su tiempo como le plazca.

Dado que esta riqueza no es inagotable, porque no vivimos eternamente, el valor del tiempo es aún mayor.

Emplear nuestro tiempo con libertad es uno de los mayores recursos de la vida.

El tiempo del bienestar y del ocio

En todos los esquemas matemáticos, omitimos un factor incalculable: **la calidad de vida.** Cuando reduces la ansiedad que suele ir ligada a la falta de organización, aumenta tu bienestar físico y mental. Este beneficio no es nada despreciable. Si te sientes mejor contigo mismo, los demás también te tratarán de otra manera.

Y no solo eso: el tiempo que liberas te permite centrarte en ti y ofrecérselo a los otros. Además, al centrarte en ti, puedes liberarte del tiempo. Por ejemplo, con la meditación te sientes en mayor armonía contigo mismo y gestionas tu tiempo de manera óptima.

El tiempo de la salud

Una gestión eficaz de tiempo, que reduce el estrés y los problemas, permite mantener un mejor estado de salud.

Cuando haces las cosas en el último minuto, aumentas el estrés de tu cuerpo. El estrés y la ansiedad provocan importantes problemas de salud. Imagina que estiras una goma. Cuando la destensas después de cierto tiempo, te das cuenta de que está ajada y desgastada. De manera similar, el estrés causa ese tipo de tensión interna. Si optimizas la forma en que empleas del tiempo, estarás menos tenso, más relajado, lo que producirá el mismo efecto interno sobre tu organismo.

¡Y cuando gozas de buena salud, ganas aún más tiempo! Si estás en forma, te mueves con más rapidez. Si estás sano, pasas menos tiempo en la consulta del médico o en la cama.

Imagínate que sales a cenar con los amigos, bebes vino y tomas unos platos tan abundantes como difíciles de digerir. La velada nunca será un éxito total porque el vino te hará decir cosas que probablemente no piensas en realidad y de las que te arrepentirás después. Pasarás una mala noche a causa de la digestión de los alimentos y perderás parte del día siguiente recuperándote de la salida. Además, a largo plazo, ese estilo de vida tendrá graves consecuencias para tu salud.

Mantener un buen estado de salud implica a veces modificar los hábitos y cuidarse uno mismo, para disfrutar de una vida más armoniosa y quizás más larga. ¡Y vivir más también es una ganancia de tiempo!

Calcula el valor de tu tiempo

Para acumular esa riqueza considerable que constituye el tiempo, es esencial saber calcularla. Y esta valoración te corresponde solo a ti.

Con el fin de tomar conciencia de la importancia de cada minuto de tu vida, puedes empezar por definir cuánto vale tu tiempo. Este ejercicio te permitirá situar tu percepción del tiempo en perspectiva. En adelante, considera que cada hora que gastas de tu tiempo equivale a un valor monetario. Del mismo modo, asocia cada compra que realices con el tiempo de trabajo necesario para pagarla.

¿Cuánto calculas que vale una hora de tu tiempo?

Haz el siguiente ejercicio, seas o no trabajador por cuenta ajena. Te darás cuenta de que tu tarifa por hora es más baja de lo que crees.

Puedes utilizar dos métodos para calcular tu tarifa por hora.

Método 1

En este método, debes sumar el número *real* de horas trabajadas a la semana. Incluye las horas extra y las que pasas pensando en el trabajo (lo que requerirá un mayor esfuerzo). A continuación, multiplica el resultado por el número de semanas reales trabajadas (sin contar las vacaciones). Divide tu salario bruto anual por el resultado anterior. Por ejemplo, si trabajas 45 semanas al año, a razón de 37 horas semanales, con un ingreso bruto de 60.000 euros, entonces ganas 36 euros a la hora.

Este cálculo te ayudará a tomar decisiones más sensatas sobre los gastos y la organización familiar.

Por ejemplo, quizás te cueste más caro llevar a tu hijo a la guardería (calculando el coste del centro, los impuestos, el tiempo de transporte, la gasolina, etc.) que trabajar a tiempo parcial y disfrutar más de tu familia. Este ejercicio es importante porque te permitirá tomar conciencia de tiempo que pasa y del tiempo desaprovechado, así como recuperar el control de tu vida.

Método 2

Por otra parte, este cálculo puede tener como resultado que quieras ganar más dinero. Si es el caso, determina el valor de tu tiempo decidiendo previamente el importe de los ingresos que deseas obtener. A continuación, divídelo entre el número de horas que vas a dedicar al trabajo. Este segundo método de cálculo te ayudará a establecer un objetivo de remuneración. Evidentemente, la finalidad es trabajar menos y ganar más.

Por ejemplo, si quieres trabajar 30 horas a la semana durante 40 semanas al año, divide tu objetivo salarial entre 1.200 (30 horas multiplicadas por 40 semanas). Si deseas ganar 50.000 euros al año, tu salario por hora será de 42 euros.

Aumenta tu valor

Después de calcular tu tarifa por hora, quizás te sientas tentado a cambiar de empleo o a utilizar tu tiempo libre para profundizar en tu campo de especialización con el fin de incrementar tu valor en el mercado de trabajo.

Puedes tomar la decisión de subir el precio de tus servicios. Para hacerlo, probablemente tengas que mejorar su calidad.

Recuerda que los expertos y los especialistas siempre reciben una mayor remuneración porque los servicios que ofrecen parecen tener más valor. Todo el mundo puede especializarse en su ámbito de competencias si le dedica tiempo.

¿SABÍAS QUE...

El término «honorarios» viene del latín *honor*, que significa, entre otras cosas, «honor, testimonio de estima y consideración». De modo que, para aumentar tus «honorarios», aumenta tu valor.

Si eres consciente del número de horas que deseas dedicar al trabajo (frente al número real de horas que inviertes en él), tal vez te sientas más reticente a malgastarlas. Estudiando la organización de las personas que ganan el salario de tus sueños, quizás puedas encontrar soluciones y aplicarlas. De este modo, seguramente resolverás alguna de tus carencias.

Si disminuyes tu tiempo de trabajo sin reducir (incluso aumentando) tu salario, tendrás más tiempo para el ocio, así como para tu familia y tus amigos. Tu salud física y mental también mejorará. Igualmente, tendrás más tiempo que ofrecer a los que necesitan tu ayuda.

Compra tiempo

Cuando seas plenamente consciente del valor económico atribuido a las horas vendidas, dadas o intercambiadas, tu relación con el tiempo se transformará por completo.

Si vendes tu tiempo, nada te impide comprar el de los demás. Puedes contratar los servicios de una persona que trabaje para ti a una tarifa por hora inferior a la que tú recibes. De este modo, liberarás tiempo ganando menos dinero, pero sin dejar de realizar las tareas previstas. Podrías invertir el tiempo libre en una ocupación que complete tu remuneración.

EN LA PRÁCTICA

Algunas tareas requieren de tu pericia y no las puedes subcontratar. Concentra tus esfuerzos en aquellas que importan de verdad.

Por ejemplo, si percibes 36 euros a la hora por efectuar la tarea A, descárgate de las tareas B que te reportan menos dinero y que otros pueden hacer en tu lugar. De este modo, puedes contratar a alguien que realice las tareas domésticas. Si calculas que tu hora de trabajo vale 36 euros y alguien puede ocuparse de la casa por 10 euros la hora, ¿realmente quieres emplear en eso tu tiempo? ¿Por qué no utilizarlo para profundizar en tu campo de especialidad con el fin de que tu tarifa por hora aumente en consecuencia?

Invertir el tiempo de forma consciente y hábil es un arte que se aprende.

De igual manera, puede ser importante evaluar el tiempo dedicado a la «socialización». Por ejemplo, en lugar de gastar tu tiempo en compañía de personas negativas o con las que no conectas, ¿por qué no lo destinas a una obra de caridad, realizando unas horas de voluntariado en una asociación sin ánimo de lucro?

EN RESUMEN

■ Una gestión eficaz del tiempo permite **llevar una vida más armoniosa, equilibrada y saludable.**

■ Para ser consciente de la importancia de cada minuto de tu vida, puedes **calcular tu «tarifa por hora».**

■ Regalarte tiempo o comprarlo te permite dedicárselo a las personas y las cosas que realmente importan.

CAPÍTULO 3

IDENTIFICAR A LOS ENEMIGOS:

los devoradores de tiempo

Algunas actividades tienen un alto coste en tiempo perdido. Si deseas de forma consciente perder el tiempo en tareas inútiles, es cosa tuya. En cambio, si tienes algunos hábitos nocivos que te hacen perder el tiempo a tu pesar, eso hay que solucionarlo.

Te ofrezco una lista casi exhaustiva de los «devoradores de tiempo» más conocidos. Algunos son actividades de ocio y pasatiempos de los que algunos lectores no querrán prescindir. Es cuestión de elección. Recuerda, no obstante, que lo que no controlas te controla. No olvides tampoco los motivos que te animan a mantener el rumbo para cumplir tu compromiso (véase la página 4).

Se puede distinguir entre «devoradores externos» y «devoradores internos». Estos últimos hacen referencia sobre todo a los comportamientos que generan pérdidas de tiempo.

Los devoradores de tiempo externos

Se incluyen los pasatiempos cronófagos –quizás debas limitarlos–, la tecnología y las actividades de ocio que tienen un coste de tiempo.

La televisión

La mayoría de la gente pasa una media de 3 horas delante del aparato. ¿Eres de esa clase de personas que ven las noticias de las 6 y las de las 10? ¿De verdad crees que se ha producido algún suceso importante entre ambos informativos? 3 horas al día se traducen en 45 días al año. Podrías utilizar ese tiempo en desarrollar un nuevo talento que te sirva para conseguir un empleo mejor, ganar más dinero y vivir la vida con más pasión. Piénsalo. Por mi parte, he dejado de ver la televisión y he sobrevivido. Tú también puedes hacerlo.

TRUCOS Y ESTRATEGIAS

Al principio, **reduce poco a poco el tiempo invertido** hasta que no necesites malgastarlo en esa actividad. Apaga la televisión cuando no la estés viendo. Establece un horario. Incluye en tu agenda momentos sin tele (con antelación, para evitar la trampa de encenderla por costumbre) y reduce el número de aparatos. En lugar de ver retransmisiones deportivas, emplea ese tiempo en hacer deporte. Conviértete en el atleta que te gustaría admirar.

Además, mucha de la información que se transmite por medio de la radio y la televisión es negativa. Si no prestas una atención consciente a lo que oyes o ves, corres el riesgo de grabar esas ondas negativas en tu subconsciente y, por ello, sentirte más deprimido y menos enérgico.

No huyas de la realidad

Las películas son un excelente medio para relajarse y evadirse, ¡pero no caigas en el abuso! A mi me encantaban las películas, veía como mínimo una al día. Dejé de hacerlo para crearme una vida de ensueño, en lugar de verla en la pequeña pantalla. Es tu elección, por supuesto, y no se trata de que te prives de esa pasión y ese universo tan enriquecedores. Pero ¿no prefieres ser el héroe de tu vida, en lugar de contemplar cómo personajes imaginarios ganan batallas imaginarias?

Si utilizas tu tiempo de forma más productiva, no sentirás la necesidad de evadirte o relajarte viendo la televisión. Por otra parte, buscarás menos maneras de relajarte cuando seas el dueño de tu vida.

Si te gusta leer, sumérgete en un libro que te ayude a construir una vida mejor, como el que tienes entre las manos, por ejemplo. Busca un aspecto de tu vida que te gustaría mejorar y lee todo lo que esté disponible sobre el tema. Siempre puedes perfeccionarte. Cuando pongas en práctica tus conocimientos y tus cualidades, perderás menos tiempo preguntándote cómo conseguir tus objetivos.

El correo electrónico

La mayoría de la gente pierde una media de 2 horas al día con el correo electrónico. Esto equivale a unos treinta días al año dedicados a leer mensajes con frecuencia intrascendentes o inútiles. Puedes combatir este devorador de tiempo de diferentes maneras:

- *Deja de leer los correos electrónicos en cuanto te levantas.* No existe ningún drama importante que se haya producido durante la noche que no pueda esperar unas horas al día siguiente. De todas maneras, la mayoría de los mensajes son correo basura.

- *Filtra los correos entrantes.* Cancela las suscripciones a los boletines de noticias que no leas o a las listas de distribución. No te suscribas automáticamente a nuevas listas de correo. No des tus datos personales si no estás seguro de que se aplica una política de confidencialidad. Instala un filtro antispam.

- *Guarda tus nuevos contactos en cuanto recibas el primer mensaje* para no tener que buscar los correos electrónicos de tus interlocutores. Establece un sistema de gestión de contactos eficaz, que haga el grueso del trabajo por ti. Guarda regularmente la información y los datos de tus contactos en un disco duro externo.

¿SABÍAS QUE...

Hay estudios que demuestran que los métodos de comunicación no verbales son mucho más importantes que las palabras utilizadas. Las palabras solo representan el 7% del mensaje. El tono de voz representa el 38% y el lenguaje corporal, el 55%. **Se pierde el 93% de la comunicación cuando se hace por escrito.** Hay un riesgo más alto de que surjan «malentendidos», lo que implica más mensajes explicativos y, por lo tanto, más tiempo perdido.

■ *Lee tus mensajes solo tres veces al día.* No estás obligado a responder a cada correo electrónico en cuanto lo recibes. En consecuencia, apaga la alarma sonora que te avisa de los mensajes entrantes. Es un bip que puede llegar a desconcentrarte.

■ *Además, clasifica tus correos en tres categorías.* Los que eliminas, los que son realmente urgentes (para ti y también para tus interlocutores) y los que puedes dejar para más tarde.

Sé el dueño de las respuestas a los correos electrónicos. Puedes perder un tiempo considerable en esos largos intercambios de mensajes. Si un mensaje necesita una explicación más extensa, llama por teléfono. No obstante, procura no perder muchas horas al teléfono, porque también es un devorador de tiempo.

Las conversaciones largas y vacías

Una conversación sobre el clima durante el trayecto del ascensor es, en sí misma, una pérdida de tiempo. Si pasas mucho tiempo hablando por teléfono, haz una lista de las cosas que quieres tratar y limítate a ellas. Mucha gente tiene tendencia a hablar para no decir nada sobre todo lo que no ha pasado en su vida y a entretenerte durante horas charlando sobre personajes imaginarios que viven en la pequeña pantalla: ¡una combinación de dos devoradores de tiempo!

Querido teléfono...

Por distintas razones, a muchas personas les cuesta dejar que suene el teléfono sin correr a descolgarlo. Si es tu caso, acostúmbrate a apagarlo para que no te moleste. Así filtras las llamadas entrantes y eliges el momento oportuno para invertir tu tiempo en esas conversaciones. De este modo, podrás preparar la llamada.

Antes de hacer una llamada telefónica, anota el objetivo que deseas conseguir.

Piensa en el resultado esperado y en la duración aproximada de la conversación. Esta regla funciona tanto para las llamadas profesionales como para las personales. Si llamas a un amigo, recuerda tu objetivo: saber de él y quedar para veros. ¿Qué resultados esperas? Que se alegre de oírte, que sonría, que te pida ayuda si la necesita y que sepa que puede contar contigo. Muchas personas llaman sin razón aparente y hacen perder el tiempo de su interlocutor sin haberle aportado nada positivo.

Durante la llamada, ofrece tu plena presencia. No hagas diez cosas a la vez. Concéntrate en la conversación y practica la escucha activa.

Al acabar la llamada, haz un rápido repaso mental para asegurarte de que se ha desarrollado de manera satisfactoria. ¿Cuántas veces has llamado a alguien y has colgado con mala sensación? ¿Habías definido previamente una intención positiva? ¿Merece la pena pasarte el tiempo discutiendo por teléfono?

Rumores...

Limita las charlas de escalera con tus vecinos. Todos sentimos la necesidad de saber que nos aprecian y de ser corteses, pero a muchas personas no les importa perder el tiempo y hacértelo perder a ti con conversaciones interminables, cual astutas manipuladoras del tiempo perdido.

Si tienes presente la lista de tareas y los resultados que esperas conseguir durante la jornada, serás capaz de controlar ese tipo de conversación. Te darás cuenta de que las personas que te hacen perder el tiempo suelen ser las que se quejan de que les falta.

¡Demasiadas redes!

Limita las horas de vida social en Internet. Sé de gente que se pasa días enteros con redes sociales como Facebook abiertas en segundo plano. Mantienen conversaciones interminables con personas que no conocen sobre temas sin importancia. Podrían emplear ese tiempo en centrarse en la tarea pendiente para terminarla con más rapidez.

Cierra las redes sociales hasta que hayas realizado las principales tareas cotidianas.

Si las utilizas como herramienta de *marketing*, dedícales el tiempo que invertirías en este tipo de gastos, es decir..., un 10% como máximo.

Vanas querellas...

Deja de discutir. Muchas disputas empiezan y acaban sin que las personas afectadas se acuerden de los motivos. Deja de querer tener razón a toda costa. ¿A quién intentas convencer en realidad? Demuestra tu punto de vista con tus acciones y tu éxito. Los otros seguirán tu ejemplo de manera natural y te respetarán más. Si das pruebas de que no puedes perder el tiempo discutiendo, tu reputación solo puede mejorar.

¡ATENCIÓN!

¡Alto a las conversaciones negativas!

Deja de quejarte y cotillear. Hay que evitar siempre las conversaciones negativas. Las quejas y los chismorreos son tus peores enemigos porque te invaden el cerebro y contaminan las ideas creativas que aportan soluciones a tus problemas. La negatividad es nefasta para tu salud. Provoca estrés, ansiedad y problemas digestivos. Cambia la situación en lugar de quejarte.

El ocio cronófago

¡Juega, pero no te pases!

Los videojuegos, que sirven para relajarse, también pueden convertirse en peligrosos devoradores de tiempo.

¡Procura no abusar para no convertirte en un adicto! Por supuesto, puedes divertirte con ellos, pero no te aportarán más éxito, aunque consigas superar todos los niveles. Debe ser consciente de que todos los puntos que acumulas virtualmente no representarán nada dentro de un año. **Realiza tareas reales que tengan consecuencias beneficiosas para tu vida, en lugar de ganar más puntos virtuales.**

TRUCOS Y ESTRATEGIAS

Si juegas con tus hijos, enséñales a controlar el tiempo. No permitas que jueguen en su habitación, donde no controlas el número de horas invertidas. Anima a tus hijos a jugar al aire libre para que aprendan un deporte y se acostumbren a hacer ejercicio. Da ejemplo a tus hijos.

Construye una vida de ensueño y no sentirás la necesidad de evadirte con los videojuegos. Empezarás a disfrutar de esa vida deseada si tienes más éxito. Y lo conseguirás utilizando tu tiempo con más sensatez.

Las relaciones de trabajo

¿Tienes excelentes relaciones con tus compañeros? Estupendo, pero **lleva cuidado para que no te invadan mien-**

tras trabajas, en los pasillos, junto a la máquina de café...
o, incluso, para que no te arrastren demasiadas veces a
tomar una copa después del trabajo. ¡Por supuesto, esto
no quiere decir que tengas que encerrarte en tu despa-
cho! Se trata de que organices tu tiempo, **mantengas tu
planificación y evites que te molesten en mitad de una
tarea.**
Puedes, por ejemplo, salir a comer dos veces a la semana
con los amigos o los compañeros, o quizás una noche a
cenar, y emplear el resto del tiempo en avanzar y concentrarte en tus objetivos profesionales.
Por ejemplo, y es un caso clásico de pérdida de tiempo: salir
a comer o a tomar una copa por la noche con gente a la que
no has sabido decir que no o, peor aún, con personas negativas; como ya sabes, ¡es malo para tu estado de ánimo! Las
conversaciones con personas negativas pueden desmoti-
varte y absorber tu energía. Es posible que este método te
parezca drástico, pero las consecuencias serán muy positivas.

Podrías utilizar el tiempo de manera más provechosa que-
dándote en el trabajo una hora más para avanzar en tus
tareas o formándote en una nueva profesión, si no estás
satisfecho con tu empleo (véase el capítulo 7). En cualquier caso, será un tiempo mejor invertido para ti y para
las personas que te importan.

De vez en cuando, para ahorrar tiempo (¡y dinero!), llévate la comida al trabajo y estudia o lee sobre un tema que te ayude a progresar en la vida. Algunas personas pasan tiempo con otras por el único motivo de que no saben afrontar su propia insatisfacción. Se imaginan que, de este modo, se sentirán menos solas con sus desilusiones. Tú has decidido actuar de otra manera. Has decidido utilizar tu tiempo de forma más eficaz para construirte una vida mejor, en la que tendrás más éxito y más tiempo libre.

Las fiestas y las salidas a restaurantes

Por supuesto que no se trata de prescindir de ellas, pero lo cierto es que pueden combinar muchos elementos que te hagan perder el tiempo:

- Te acuestas más tarde que de costumbre.
- Puedes pasar tiempo con personas negativas.
- Probablemente, comerás y beberás demasiado, lo que reducirá tu nivel de energía.
- Es posible que pierdas el día siguiente para recuperarte...

Por todas estas razones, intenta limitar un poco esas salidas. Si quieres ver a tus amigos, invítalos a casa. Así no tendrás que pasar tiempo en la carretera. Incluso puedes encargar un cáterin o pedir comida a domicilio. De este modo, tus amigos pasarán más tiempo contigo (que es la finalidad) y no tendrás que pensar en cocinar ni en fregar los platos.

TRUCOS Y ESTRATEGIAS

Hazte la comida. Si tienes que limpiar mucha verdura para una receta, prepara más cantidad para congelarla. Así solo fregarás la cazuela una vez y ahorrarás mucho tiempo y esfuerzo.

Las colas

No siempre puedes permitirte esperar en una cola como todo el mundo. Lleva un libro para emplear ese tiempo en ampliar tus conocimientos. Aprovecha los atascos para escuchar archivos de audio sobre motivación personal o sobre un campo de especialización.

Un equipamiento inadecuado

Es preferible invertir dinero en un equipamiento de calidad, que te haga ganar tiempo, que perderlo reparándolo o esperando a que funcione bien. Compra el equipamiento más rápido: ordenador, máquina de café, secador, etc.

Los centros comerciales

A veces veo parejas que se pasan todo el fin de semana en un centro comercial, arrastrando con ellos a sus hijos de una tienda a otra. Por lo general, estas parejas gastan el tiempo y el dinero que no tienen en adquirir objetos que no necesitan para gustar a amigos que no lo son en realidad.

¿Te ha pasado alguna vez que has vuelto a casa de hacer la compra en el supermercado y te has dado cuenta de que se te ha olvidado lo primero que tenías intención de comprar? Si tienes que ir de compras, haz una lista de lo que te hace falta y cómpralo después del trabajo. Así perderás menos tiempo con las aglomeraciones y la caja. También ahorrarás mucho dinero, porque solo comprarás lo que necesitas y te tentarán menos las atractivas ofertas de productos casi inútiles.

Los devoradores de tiempo internos

Algunos factores internos provocan también incalculables pérdidas de tiempo. Conviene que sepas reconocerlos y ponerles remedio. Sin embargo, librarse de esos hábitos y comportamientos nefastos requiere mucha disciplina. Identifica los rasgos de tu carácter que te plantean problemas y cámbialos, uno detrás de otro. **Con perseverancia, conseguirás transformar tu comportamiento y tu calidad de vida mejorará en la misma proporción.**

La ausencia de objetivos concretos y medibles

Si no sabes lo que deseas, no sabrás cómo conseguirlo y acabarás dando vueltas en círculo. Quizás un día te quejes de que tu vida no tiene sentido. Es responsabilidad tuya darle uno.

Si no sabes lo que quieres, nunca estarás satisfecho. El éxito depende fundamentalmente de la capacidad de fijarse objetivos y plazos para conseguirlos. Solucionaremos este problema en el capítulo 5.

Si cambias de opinión sin cesar o si no tienes paciencia y abandonas por lo general una tarea antes de haberla terminado, corres el riesgo de perder un tiempo precioso cada vez que debes empezar de nuevo.

Es importante dedicar el tiempo necesario para poner por escrito lo que te importa de verdad en la vida y atenerse a ello. Todo el mundo evoluciona y cambia sus prioridades a lo largo del tiempo. Es natural. Sin embargo, hay que mantener el rumbo en lo relativo a las decisiones fundamentales y los objetivos que te has fijado, hasta que los hayas conseguido.

¡RECUERDA QUE...

Debes aprender a decir «no»

La mejor manera de evitar esa pérdida de tiempo es desarrollar un plan de vida concreto y no apartarse de él. Cuando tus motivaciones superen a tus deseos de complacer a los demás, conseguirás utilizar esa palabra mágica con más frecuencia. Debes aprender a colocarte en primer lugar en tu lista de prioridades.

Un perfeccionismo excesivo

Conviene que sepas cuándo parar. La perfección no existe. Es mejor acabar una tarea que intentar mejorarla indefinidamente. Si la tarea no es importante, perderás mucho tiempo puliendo algo que no vale la pena.

La ausencia de orden y de clasificación

Deshazte de lo que te sobra. Dispón un lugar específico para cada cosa y guarda todo en su lugar. Acostúmbrate a colocar las cosas en su sitio para no pasarte horas limpiando o sorteando las pilas de objetos. Mantén tu entorno limpio. Lleva una agenda y cíñete a ella. Anota todos tus contactos en un solo sitio (y guarda una copia en lugar seguro). Organiza los papeles y los archivos informáticos para no perder tiempo buscando información relevante.

La falta de conocimientos ante una situación nueva

La ignorancia no es excusa. Solicita información a algún experto si hace falta. Puedes aprender a cualquier edad y ampliar sin cesar tus conocimientos. Siempre hay una manera de hacer las cosas más rápida y eficaz. Aprende cómo.

La procrastinación

Dedicaremos un capítulo entero a esta catástrofe que afecta a un sinfín de individuos (véase el capítulo 6).
Todos la sufrimos en algún momento. Es importante reconocer los síntomas para no ser víctimas de este poderoso devorador de tiempo. Si desarrollas nuevos hábitos mentales y físicos serás capaz de controlar este comportamiento, incluso de abandonarlo por completo. Una vez que lo hayas conseguido, ganarás en autoestima y acometerás cada nueva tarea con entusiasmo.

La falta de confianza en uno mismo

Cuando debas tomar una decisión, tómala y tómala rápidamente. El «tendría que hacer esto en lugar de aquello» pone de manifiesto una falta de confianza en uno mismo. Si le das vueltas durante demasiado tiempo, pide consejo a un experto. En lo relativo a las pequeñas decisiones de todos los días, no dudes tanto. No hace falta ir tres veces a una tienda para saber si quieres comprar ese jersey o no.
Acaba con las comparaciones interminables. Conozco a algunas personas que se pasan horas delante del ordenador para ahorrarse unos euros en una compra. Otras se pasan días enteros de una tienda a otra para comparar los precios. Ganarían diez veces más dinero si dedicaran ese tiempo a diseñar una actividad más lucrativa.

Conviene planificar a largo plazo

En lugar de centrarte en los beneficios a corto plazo, tómate el tiempo de planificar tu vida a largo plazo.

Cuando te sientes bien y agradecido, cuando vives con bienestar, necesitas menos gratificaciones inmediatas, que cuestan tiempo y dinero. Ese tiempo gastado en grandes almacenes podrías pasarlo con tu familia, por ejemplo, disfrutando de paseos inolvidables por la naturaleza.

El exceso de comida

Cuanto más necesitas comer, más tiempo pasas comiendo. Además, el sobrepeso puede ralentizar tus movimientos. Te cansas con más facilidad y no estás en condiciones de realizar muchas tareas. Por lo tanto, pierdes más tiempo.

Come menos, mejor y más despacio. Prepara comidas sanas y equilibradas. Evita los problemas de estómago, que te plantean serias dificultades. De este modo, tendrás también más energía y realizarás tus tareas con más rapidez. Te sentirás con menos sueño durante la digestión, lo que te hará ganar tiempo y te impedirá caer en la procrastinación.

Muchas de estas carencias tienen su origen en la falta de autoestima. Es fundamental que aprendas a quererte y a valorar tu tiempo, porque se trata de tu vida.

EN RESUMEN

- Para disponer de más tiempo, debes eliminar lo que llamamos «devoradores de tiempo», tanto internos como externos.

- Conviene que **identifiques a esos cronófagos para saber en qué se va todo tu tiempo y dónde podrías encontrar tiempo libre.**

La segunda parte de esta obra te ayudará a aumentar tu autoestima gracias a una buena gestión de tu tiempo. Como verás, es mucho más sencillo de lo que imaginas. Se trata de proceder por etapas: en primer lugar, hay que tomar la decisión de cambiar, de modificar tus (malos) hábitos. Después hay que combatir la procrastinación. Y, una vez que seas una persona eficaz y productiva, dispondrás de tiempo para ti, ¡para conseguir más éxito y bienestar!

CONTROLAR TU TIEMPO PARA ELEGIR TU VIDA

CAPÍTULO 4

TOMAR LAS RIENDAS DE TU VIDA

Si no prestas atención a la manera en que aprovechas cada instante que pasa, nadie lo hará por ti. Como muy bien dice Esther Hicks, una autora célebre sobre todo por la ley de la atracción: «A menudo los demás te llamarán egoísta porque no estás dispuesto a ceder a su propio egoísmos». ¿Quiénes son entonces los auténticos egoístas?

Gestionar el tiempo es sinónimo de gestionar la vida. Todas las personas que han subido la escalera del éxito tienen una elaborada gestión del tiempo. La gente triunfa porque planifica su tiempo según sus objetivos y sus valores profundos. Lo emplean de manera organizada y eficaz, cumpliendo con lo programado. **Respetar tu tiempo es respetar tu vida.**

La mayoría de los individuos acuden a un contable cuando necesitan ayuda en materia de planificación financiera. Desde hace mucho tiempo, las personas otorgan un gran valor a la gestión eficaz del dinero. Sin embargo, el tiempo es más escaso y más valioso que el dinero. Las horas perdidas nunca se recuperan, y el tiempo no se puede pedir prestado al banco.

¡RECUERDA QUE...

El egoísmo puede ser positivo

Si deseas entregarte a los demás, debes dedicar tiempo a cuidarte. Ser egoísta es positivo porque no puedes dar lo que no tienes. No puedes ofrecer la energía que no tienes ni tampoco hacer felices a los demás. Cada uno es responsable de su propia felicidad.

Cambia tus (malas) conductas

Por supuesto, no es cuestión de que cambies todas tus conductas de golpe, sino una detrás de otra. Anota en una hoja de papel la primera conducta que has decidido cambiar a partir de hoy. Escribe en qué vas a emplear el tiempo que ahorres. Disminuye progresivamente el tiempo dedicado a las actividades que te hacen perderlo. Apunta cada día tus progresos y prémiate con regularidad.

Aquí se trata de actividades inútiles, que no te divierten en realidad, que haces por costumbre y que no te reportan ningún beneficio ni satisfacción. **Reflexiona un instante sobre todas esas actividades inútiles y toma la decisión de sustituir cada semana una de ellas por una actividad de provecho.**

100% de responsabilidad = 100% de poder

Para recuperar el control de tu vida mediante la gestión eficaz de tu tiempo, debes asumir toda tu responsabilidad sobre ello. No puedes culpar a las circunstancias que te rodean. Debes prometerte que no echarás la culpa al tráfico lento, a la cola, al despertador que funciona mal y a todas las demás causas externas a las que atribuyes habitualmente tu falta de tiempo o tus retrasos.

Cuando asumas toda tu responsabilidad sobre las decisiones que tomes, serás consciente de que todo es cuestión de elección. Si decides conscientemente cambiar ciertas conductas o reducir el tiempo dedicado a ciertas ocupaciones inútiles, ganarás muchísimo tiempo.

La insatisfacción que sientes con tu calidad de vida procede de las decisiones que has tomado de forma consciente o inconsciente. **Has sido tú y solo tú quien ha optado por ciertas maneras de emplear el tiempo.** Esta situación puede resultar difícil de aceptar, pero ser consciente de ello te permitirá convertirte en el dueño de tu vida. Los individuos que triunfan no ofrecen excusas ni razones para explicar sus errores, sino que presentan resultados y pruebas de su éxito. Te toca elegir tu bando: puedes quejarte y hacerte la víctima o puedes actuar y tomar las riendas de tu destino.

Si no eres una víctima de lo que te ocurre, en otras palabras, si dejas de señalar con el dedo a las circunstancias que te rodean, asumes la plena iniciativa en relación con tu vida. En efecto, si aceptas toda tu responsabilidad sobre tu situación, significa que posees todo el poder para modificarla. Ya no tienes que esperar a que cambie tu entorno para que tu vida mejore. Eres, a partir de ahora, el dueño de tu tiempo y, por lo tanto, de tu vida.

Esta decisión desempeñará un papel fundamental en tu vida. **Cuando eres consciente de tu poder absoluto para gestionar tu tiempo, no dejas esa facultad en manos de otras personas.** Además, permites muchas menos invasiones de los devoradores de tiempo (véase el capítulo 3).

Ahuyenta los pensamientos negativos

¿Cuáles son tus creencias sobre el tiempo? ¿Cuáles son las frases que te dices y te repites sobre tu gestión del tiempo (véase el capítulo 1)? ¿Piensas que te mereces vivir con ese estrés diario o crees que tienes derecho a disfrutar de más bienestar?

Tus creencias son el motor de tus acciones. Si estás convencido de que te falta tiempo, es más que probable que tú mismo provoques esa carencia. Por el contrario, si crees tener todo el tiempo del mundo, así será.

Para cambiar tu situación actual es primordial que te des cuenta de los elementos que obstaculizan tu evolución. Estos elementos fundamentales están relacionados con tu concepción del tiempo.

Escríbelos y léelos en voz alta. De este modo, pasarás estos pensamientos del estado subconsciente (sobre el que tenemos menos control) a un estado consciente, en el cual podrás cambiarlos.

Recuerda que eres responsable de tus pensamientos. En consecuencia, tienes todo el poder de modificarlos.

Define tus motivaciones

Para que te des cuenta de tu evolución hacia el éxito, **es necesario saber exactamente qué objetivo intentas alcanzar con este libro.** ¿Cuántas horas deseas ahorrar al día o al mes?

Haz tu lista de deseos

Escribe exactamente el objetivo que deseas y el tiempo que vas a dedicar para conseguirlo. Sé razonable, pero también un poco audaz. **Apunta alto, no corres ningún riesgo, salvo el de lograr un objetivo más ambicioso.**

Describe también los motivos que te llevan a querer más tiempo. Haz una lista de todas las razones por las que deseas cambiar tu forma de ser y de actuar. Conserva esa lista al alcance de la mano para que te acuerdes de las profundas motivaciones que te animan a mejorar. Cuando tengas ganas de dar marcha atrás y volver a tus viejas costumbres, lee tu lista y tenla presente.

TRUCOS Y ESTRATEGIAS

«El porqué conduce al cómo»

Cuanto más motivadoras sean las razones, más posibilidades hay de que los medios surjan por sí mismos. Recuerda este eslogan: «El porqué conduce al cómo».

Lista de razones (el porqué): pasar más tiempo con mi pareja, con mi familia, etc.

Lista de beneficios: menos estrés, mejor salud, etc.

¿Quieres tener más tiempo para actividades de ocio o para aprender una nueva profesión? ¿Te gustaría pasar más tiempo con tu familia o con tus amigos? ¿Deseas ganar más dinero? Enumera de forma exhaustiva todas las razones por las que quieres mejorar.

Si escribes tu lista de beneficios y razones que te motivan para cambiar, tendrás más posibilidades de mejorar tu vida. Ten la lista bien visible y léela con frecuencia para reforzar tu motivación.

Sal de tu zona de confort

Toda metamorfosis requiere un esfuerzo. Es necesario salir de la zona de confort.

Algunos individuos prefieren seguir una rutina cómoda, aunque tenga efectos negativos en su vida, a modificar su conducta. Esta resistencia al cambio impide a muchas personas lograr una mejor calidad de vida porque están acostumbradas a sus malos hábitos. Prefieren mantener una situación desagradable en lugar de enfrentarse a lo desconocido.

Debes estar dispuesto a salir de tu zona de confort. Tendrás que cambiar y modificar viejas costumbres, incluso eliminar algunas. La mayoría de la gente mantiene el rumbo, aunque le lleve a la destrucción, porque prefiere la comodidad. Algunas personas permanecen en una situación deteriorada para no tener que cambiar. Incluso llegan a negar su aspecto negativo para no tener que abandonar sus costumbres.

Si tú no cambias, nada cambia. Solo puedes transformar tu vida modificando tus acciones cotidianas y adoptando nuevos hábitos.

Escribe tu compromiso

Toda persona que toma la firme decisión de cambiar de actitud se pone inmediatamente en marcha en una nueva dirección.

Cuando prometes solemnemente iniciar una nueva etapa y cambiar de conducta, te sientes más motivado para hacerlo. De manera inconsciente, has sellado un pacto contigo mismo.

Si compartes tu decisión con otros miembros de tu familia o con tus amigos, te verás obligado a rendirles cuentas si fracasas, y esto será un estímulo aún mayor. Elige con sensatez a las personas de tu entorno. Coméntaselo únicamente a aquellas que vayan a animarte. Muchos individuos negativos tienen tendencia a frenar el impulso de la gente que quiere triunfar, simplemente, porque les recuerda sus propias limitaciones.

Escribe tu compromiso al principio del libro (en la página 4) o en una hoja de papel que llevarás siempre contigo y que releerás asiduamente. Haz una copia y ponla junto a tu cama. Así tendrás siempre presente tu promesa de cambio, por tu bien y por el bien de tus seres queridos.

Cada cosa llega a su debido tiempo

No se cambia de la noche a la mañana. Concédete un tiempo para adaptarte a cada modificación de conducta que te propongas realizar. Probablemente, deberás leer algunos capítulos varias veces para poner en práctica sus enseñanzas de forma progresiva.

A largo plazo, es importante cambiar una actitud detrás de otra e incorporar cada nueva conducta a la vida diaria, en lugar de ponerlo todo del revés para volver al mismo punto de partida. A lo largo de tu existencia, has desarrollado ciertos hábitos en materia de gestión del tiempo y sería inconcebible que este cambio ocurriera de la noche a la mañana. Cuanto más disciplinado seas, más progresos harás. El objetivo final es disfrutar al máximo, aprovechando lo mejor que puede ofrecerte la vida.

Explica a tus amigos y a tu familia tu decisión de cambiar la gestión del tiempo. Su apoyo es fundamental, porque tendrán que adaptarse a cambios en tu manera de emplear el tiempo que les afectan. A partir de ahora, ya no estarás a merced de sus urgencias.

Formula nuevas afirmaciones

Créete que puedes hacerlo y que te lo mereces. Algunas personas no intentan mejorar su vida porque piensan que «siempre ha sido así». Debes estar abierto al cambio y creer firmemente que posees la capacidad de transformar tu vida. Toma una decisión y mantén el rumbo. De este modo, tu vida mejorará mucho. Elige una de las afirmaciones siguientes o formula una que te repetirás sin cesar. Esto te ayudará a convencerte de que tienes el derecho y la posibilidad de elegir una vida mejor:

- *«Cada vez tengo más tiempo.»*
- *«Me merezco utilizar mi tiempo alegremente.»*
- *«Empleo el tiempo como mejor me parece.»*
- *«El tiempo pasa cada vez más despacio.»*
- *«Cada vez hago más cosas que me apasionan todos los días.»*
- *«Llevo las riendas de mi vida porque yo controlo mi tiempo.»*
- *«Sé disfrutar del regalo de la vida, vivo el presente.»*

Adopta la costumbre de sustituir una afirmación negativa por una afirmación positiva. En cuanto oigas esa vocecilla derrotista en tu cabeza que te dice: «Corres sin parar», «No tienes tiempo para todo», «Solo podrás hacer lo que quieras cuando te jubiles», «La culpa es de los hijos, de la pareja, del atasco...» o «Es demasiado tarde para cambiar», párate y respóndele: «No, no es verdad. Yo elijo mis pensamientos y decido pensar de otra manera».

Haz balance de tu gasto de tiempo

Para ser consciente del tiempo que gastas cada día y poder organizar tus tareas con más facilidad, se recomienda hacer una «dieta de tiempo».

A partir de ahora, te recomiendo vivamente que no quites ojo a tu reloj (un cronómetro es aún más eficaz).

Describe de forma detallada en una hoja de papel todas tus actividades diarias. Intenta ser lo más preciso posible. De este modo, te resultará mucho más fácil darte cuenta del tiempo que pierdes y reconocer lo que importa realmente en tu jornada.

Una vez que dispongas de esta lista, organiza tu jornada diaria en 4 columnas:

1 Las actividades que son fundamentales para tu progreso y tu éxito.
2 El tiempo que pasas con tu familia (que debería mantener un equilibrio con relación al resto de tu tiempo).

3 El ocio.

4 Las actividades que no son fundamentales y los pasatiepos de los que podrías prescindir.

Ten por costumbre hacer este ejercicio cada semana y luego cada día.

Gracias a este cuadro, que evolucionará al mismo ritmo que tú, serás capaz de organizar tu vida de manera más proactiva y positiva. El objetivo es reducir a lo esencial las actividades de la columna 3 y eliminar por completo la columna 4. Pronto liberarás más tiempo para tu familia y tus actividades de ocio. Te darás cuenta de que una pequeña modificación puede tener consecuencias muy positivas a largo plazo.

Cuando tomas conciencia de todo lo que te hace perder el tiempo, caes en la cuenta del grado de eficacia de tu gestión. Con esta información, puedes adoptar mejores decisiones para invertir tu tiempo. Junto a cada uno de los elementos que has descrito, anota honestamente el número de horas que le dedicas a diario. Es posible que durante unos días tengas que utilizar tu reloj y apuntar tus costumbres para ser más exacto. Utiliza el cuadro que has hecho al final de la lista para empezar tu dieta de tiempo.

Quien quiere mejorar su situación económica comienza por hacer una lista de sus gastos diarios. Quien quiere adelgazar evalúa su gasto calórico. Si quieres mejorar tu gestión del tiempo, es necesario que cuentes las horas gastadas.

Establece tus objetivos

La gestión del tiempo cobra realmente todo su sentido cuando defines los objetivos que te propones alcanzar a corto, medio y largo plazo. El arte de establecer los mejores objetivos posibles y conseguirlos se aprende. ¡Te ofrezco los principios fundamentales para ir siempre un paso por delante!

Se sabe que solo el 2% de la población escribe sus objetivos. El mero hecho de escribir en una hoja de papel tu lista de objetivos te sitúa por delante del 98% de la población.

Escribir tus objetivos provoca de forma inconsciente tres efectos positivos:

- Afirmas alto y claro lo que deseas. Al tomar una decisión, has dado el paso más importante hacia la consecución de tu objetivo.
- Activas la parte inconsciente de tu cerebro, que querrá resolver esta nueva ecuación buscando pistas y respuestas.
- Por último, pones en marcha un proceso de planificación durante el cual vas a invertir tu tiempo en la realización de tus proyectos. De este modo, recuperas el timón de tu vida.

Es esencial que tus objetivos estén en consonancia con tus valores personales fundamentales. Se recomienda realizar una labor de profundización para descubrirlos y comprenderlos. ¿Qué es lo que te importa de verdad en la vida? Trabajando sobre tus objetivos lograrás identificarlos y te basarás en tus valores para establecer tus prioridades.

TRUCOS Y ESTRATEGIAS

Ir al grano

Para acortar el proceso de determinación de los objetivos, plantéate seriamente una cuestión muy sencilla: si tuvieras diez millones de euros en el banco, pero solo te quedaran diez años de vida, ¿qué te gustaría hacer? En otras palabras, si no tuvieras limitaciones materiales, pero no contaras con mucho tiempo, ¿qué harías con tu vida?

Las respuestas a esta pregunta te darán pistas reales sobre la razón de tu existencia. Puedes deducir de ellas unas líneas directrices que te ayudarán a establecer objetivos a corto y medio plazo.

Lo que suele ponerse de manifiesto es un deseo de pasar más tiempo con las personas que amamos y de hacer lo que nos gusta: un equilibrio armonioso entre la vida personal y la profesional. Una gestión eficaz del tiempo te proporcionará los medios para lograrlo.

Escribe tus objetivos a largo plazo

¿Cómo ves tu vida dentro de cinco años, por ejemplo? Imagínate que no existe ninguna limitación económica, material o personal que te impida cumplir ese «gran» sueño. Este planteamiento te permite relativizar tus problemas cotidianos y salir de tus esquemas mentales habituales.

El método SMART

Establece tus objetivos en cada uno de los siguientes ámbitos: trabajo, familia, cuidado personal, amor, amistad, finanzas, conocimiento (desarrollo personal y formación), casa y espiritualidad. **Sé riguroso y utiliza el método SMART para redactarlos: deben ser específicos y Simples, Medibles y Motivadores, Alcanzables, orientados a Resultados y Temporales.**

La razón fundamental para utilizar este método es que te facilitará la verificación de tu progreso y el reajuste de tu estrategia si no lo alcanzas. Si te propones estar más delgado dentro de cinco años, hacer deporte y pasar más tiempo con los amigos, nunca podrás estar realmente seguro de haber cumplido tu objetivo. En cambio, si escribes que quedarás con tus amigos tres veces a la semana, durante 1 hora como mínimo, que entrenarás 20 minutos al día en un gimnasio y que pesarás 63 kilos, podrás medir tus resultados.

¡En positivo!

Asimismo, **formula objetivos positivos.** Por ejemplo, en lugar de decir que deseas perder 3 kilos, escribe: «Deseo pesar 63 kilos el 15 de septiembre de 2017». Cuanto más concreto seas en la descripción de tus objetivos, más posibilidades tienes de lograrlos con éxito. Que no te dé miedo equivocarte, no tienes nada que perder y no arriesgas nada. Te puede parecer difícil medir una situación familiar óptima o una relación amorosa ideal, pero es posible. Puedes decidir que el significado de una familia feliz consiste en una cena con conversaciones positivas cada noche o en una salida de ocio familiar a la semana. En cuestión de espiritualidad, cuantifica los resultados según el tiempo exacto que te propones pasar meditando o rezando, por ejemplo.

Teniendo delante la descripción de tu visión a largo plazo, detalla ahora los objetivos que deseas lograr en los próximos 12 meses. De nuevo, sé muy preciso y utiliza el método SMART.

¿SABÍAS QUE...

El primer parque de atracciones de Walt Disney se construyó en 366 días. Cuando le preguntaron a Disney el secreto de una realización tan rápida, respondió simplemente: «Hemos aprovechado al máximo cada día».

Establece fechas límite

Es importante fijarse fechas concretas. La mayoría de las personas se apoyan en la idea preconcebida —y falsa— de que dispondrán de tiempo después. Así posponen su éxito con el argumento de que cualquier día tendrán tiempo para lograrlo. Pero ese día nunca llega. Si no planificas ese momento desde ahora, nunca lo verás «surgir».

Evidentemente, es necesario que coincidan los objetivos a corto y a largo plazo. Recuerda que no hay respuestas incorrectas. Cuanto más trabajes formulando tus objetivos, más posibilidades hay de que los alcances.

Por ejemplo, si deseas tener tu piso completamente reformado dentro de cinco años, puedes empezar por proponerte reparar el techo para el año que viene. Si quieres un trabajo en el que ganes el triple dentro de cinco años, decide incrementar en el plazo de un año tu salario actual en un 50%.

Divide los objetivos en etapas

Por último, divide los objetivos hasta que se conviertan en acciones semanales, incluso diarias. **Un plazo de cinco años empieza a correr ya.** Te impresionará darte cuenta de lo poco que importa lo alto que hayas puesto el listón dentro de cinco años, siempre te encontrarás una primera etapa que superar o un primer escalón que subir.

¡ATENCIÓN

No te disperses demasiado, sobre todo al principio, porque corres el riesgo de perder la energía haciendo demasiadas cosas a la vez y de acabar desmotivado.

Es aconsejable releer los objetivos a medio y largo plazo con frecuencia. Esto te servirá de brújula. También puedes observar con perspectiva tu recorrido y comprobar tu progreso y tus éxitos. Te recomiendo que te plantees tres objetivos principales, los que consideres más importantes, y te centres en ellos en primer lugar. Suele pasar que los otros objetivos se cumplen casi por sí mismos, sin que nos demos cuenta. El cerebro es más eficaz con un máximo de tres objetivos a la vez.

EN LA PRÁCTICA

- **Asume tu responsabilidad** en las decisiones que te han conducido a la situación actual. De este modo, puedes recuperar el control sobre la gestión del tiempo.

- Haz un balance e **identifica los hábitos que debes sustituir poco a poco.**

- **Identifica tus objetivos para planificar tu tiempo en consecuencia.** Si estableces una lista de prioridades, empiezas cada día como un triunfador.

- **Comprométete a revisar tus prioridades en términos de tiempo** y formula afirmaciones positivas para alcanzar tus objetivos.

CAPÍTULO 5

PLANIFICAR CADA DÍA CON EFICACIA

«Si no tienes objetivos claros y concretos siempre trabajarás para aquellos que los tienen.»

Brian Tracy

Mucha gente considera la agenda como una estructura demasiado encorsetada. Cree que ganará en libertad si no utiliza un entorno en principio tan rígido. Algunas personas tienen miedo de la rutina e imaginan que una agenda les quitará libertad de acción o hará su vida más monótona. Sin embargo, estos mismos individuos invierten un tiempo considerable reaccionando ante las circunstancias de su vida diaria y se convierten en víctimas de las urgencias de otros. Les convendría planificar una parte de su jornada para responder con calma a todas las situaciones exteriores que requieren su atención, en lugar de sentirse vapuleados sin cesar por circunstancias imprevisibles. Es preferible gobernar tu barco que navegar (con riesgo de naufragio) a merced de olas incontrolables. **Es más beneficioso programar cada día en función de las acciones que quieres realizar y que te llevan a la consecución tus objetivos.** De este modo, liberas más tiempo y aumentas tu grado de satisfacción general, mientras te diriges hacia el éxito deseado.

TRUCOS Y ESTRATEGIAS

Créate una rutina

Si adoptas un hábito y haces siempre las cosas de la misma manera, pierdes mucho menos tiempo en elaborar un plan de acción. Las rutinas aportan tranquilidad. Piensas menos en la próxima acción y la ejecutas con naturalidad y rapidez. También puedes sustituir un hábito negativo por otro positivo e incorporarlo poco a poco a la rutina diaria.

¡Deja de buscar pretextos!

Aquí tienes una lista de las principales razones por las que la mayoría de la gente no planifica su jornada:

- *«No tengo tiempo de planificar.»* Si eliminas los devoradores de tiempo (véase el capítulo 3), seguramente podrás sacar de 15 a 30 minutos para organizar el día.

- *«Sé lo que tengo que hacer, no necesito escribirlo.»* Este es un grave error que muchos cometen. Como no lo escriben, se les olvida o no son conscientes del orden de prioridad de sus actividades. Además, si no planificas cada día tus objetivos a largo plazo, nunca los alcanzarás. Y no se puede hacer esta planificación sin exponer tus objetivos concretos por escrito.

- *«En mi caso, la planificación no funciona porque sufro demasiadas interrupciones.»* Precisamente en este caso la planificación es esencial. Te permite actuar en tu propio interés, en lugar de reaccionar ante las interrupciones. Te aporta buenos motivos para decir que no a las circunstancias y los individuos que te impiden avanzar.

- *«No quiero planificar para luego cambiar el plan.»* Es más fácil cambiar de plan cuando se tiene uno. Si no tienes ninguno, no podrás mejorarlo.

■ *«No sé cómo planificar.»* Este motivo se solucionará en este capítulo.

La planificación y la rutina parecen contrarias a la libertad. Sin embargo, te acercan más a ella. Con una planificación eficaz, tendrás la posibilidad de liberar tiempo para dedicarte a tus ocupaciones.

La ausencia de control en el empleo del tiempo es una falsa libertad. La auténtica libertad reside en convertirte en dueño de tu tiempo y, por lo tanto, de tu vida.

La planificación se organiza en tres etapas principales: la clasificación de las tareas, la definición de prioridades y la incorporación al calendario de actividades.
Un estudio demuestra que cada minuto que invertimos en la planificación nos ahorra 10 minutos de ejecución.

EN LA PRÁCTICA

Llena tu tarro con sensatez

Stephen Covey, célebre autor y conferenciante en materia de desarrollo personal, ideó este ejemplo que te permitirá visualizar mejor tu planificación.
Llena un tarro primero con piedras grandes, luego con guijarros y después con arena. Todo parecerá encajar a la perfección. Pero si, en primer lugar, llenas el tarro de arena, nunca podrás meter las piedras grandes. Empieza tú también por los elementos más importantes (tus piedras grandes) y no dejes que la arena se cuele en tu vida para hacerte perder el tiempo. ■■■

El éxito y los grandes resultados se consiguen con pequeños gestos repetidos a diario. El fracaso es el resultado de los malos hábitos cotidianos.
Nadie obtiene un éxito duradero de la noche a la mañana. Quien ha logrado la gloria y la fama de un campeón ha trabajado cada día, de forma impecable, en cada acción, en cada palabra y en cada pensamiento. Es mucho más fácil corregir el rumbo a diario que dar media vuelta cuando nos hemos equivocado por completo de ruta. Recuerda siempre que tú eres el único responsable y que, por lo tanto, posees todo el poder para conseguir el éxito.

Define un horario

Si no planificas tu tiempo, no sabrás cómo utilizarlo al máximo. Pasará rápidamente ante tus narices y tendrás la sensación de no controlarlo. Optar por no hacer nada es un uso consciente del tiempo. Si acabas la jornada con la frustrante sensación de que no has hecho nada, necesitas un cambio de conducta.

Planificar el cambio

Tanto si eres trabajador por cuenta ajena como por cuenta propia, es fundamental saber primero lo que quieres hacer con tu tiempo. Gracias al ejercicio que has realizado antes, has identificado tus devoradores de tiempo (véase el capítulo 3). Puedes sustituirlos por hábitos más constructivos.

Debes emplear el tiempo de forma equilibrada. Tu sensación de éxito se refuerza con el nivel de equilibrio que experimentas en tu vida.

Debes combinar trabajo, salud (deporte, alimentación y sueño), familia, amigos, amor y espiritualidad (o tiempo de silencio interior). Este cálculo equilibrado es aún más importante si trabajas por cuenta propia, porque seguramente tienes tendencia a no calcular las horas que pasas en la oficina.

Todos contamos con 168 horas semanales. Si dedicas 40 al trabajo y 56 al sueño, te quedan 70 para organizar tu bienestar.

Haz un cuadro semanal en el que bloquees ciertas franjas horarias. Toma la firme decisión de no admitir imprevistos en esos tiempos y gestiónalos durante las horas que les has asignado. Forma estos bloques dedicando tiempo al deporte, los amigos, la familia, tu desarrollo personal, los imprevistos, la reflexión, la vida amorosa, etc.

No es necesario que tu cuadro sea demasiado riguroso. Es preferible construir un modelo adaptado a ti, que vayas a cumplir con entusiasmo, a un cuadro que no quieras mirar por miedo a que te recuerde que no lo has respetado en absoluto. Con este ejercicio, identificarás aún mejor tus necesidades fundamentales y tendrás más ganas de liberarte de algunos devoradores de tiempo (véase el capítulo 3).

Si cambias de conducta poco a poco, conseguirás resultados duraderos sin tener la sensación de poner tu vida patas arriba.

Piensa en un devorador de tiempo que te gustaría controlar o eliminar. Calcula cuánto tiempo te consume y anota lo que quieres hacer en su lugar.

Es importante escribir la actividad alternativa e incluir ese cambio en tu horario. Si no planificas el cambio, tu antiguo hábito volverá por sus fueros porque no has pensado en qué deseas emplear ese tiempo.

Organiza tu jornada

Una vez que hayas puesto tu planificación por escrito, tienes que organizarla. **Un plan detallado y organizado es la clave de todo éxito.** Las acciones no planificadas y desorganizadas son la causa de todo fracaso. Con más organización te evitarás mucha frustración, estrés y ansiedad.

Para empezar cada jornada con buen pie, acostúmbrate a escribir la víspera la planificación del día siguiente. El método más eficaz para organizar una jornada es establecer unas prioridades.

Mi planificación

Empieza por anotar todo lo que crees que tienes que hacer mañana. Escribe sin filtro todo lo que se pase por la cabeza.

Organiza las actividades por orden cronológico y luego por orden de prioridades.

El mejor sistema es el siguiente, desarrollado por Stephen Covey. Divide una hoja de papel en cuatro casillas. En cada una, escribe:

- **Casilla 1** (parte superior izquierda): Urgente e importante;
- **Casilla 2** (parte superior derecha): Importante, pero no urgente;
- **Casilla 3** (parte inferior izquierda): No importante, pero urgente;
- **Casilla 4** (parte inferior derecha): Ni importante ni urgente;

La casilla 1 representa, evidentemente, la prioridad absoluta de la jornada. Te recomiendo vivamente que empieces siempre el día completando esta tarea en primer lugar. Una forma de reconocerla es preguntarse: «Si solo pudiera hacer una cosa fundamental hoy, ¿cuál sería?» Si tienes varias tareas que se encuentran en esta categoría, plantéate la misma pregunta hasta que determines la segunda cosa fundamental, la tercera y así sucesivamente.

Para saber cómo reconocer las tareas que se incluyen en **la casilla 2,** puedes preguntarte: «Si no realizo esta tarea, ¿tendrá importantes consecuencias para mí?» **Esta casilla agrupa los elementos que tienen un impacto directo en la consecución de tus objetivos.** No son aún urgentes, pero no puedes descuidarlos si quieres tener éxito.

La casilla 3 agrupa los elementos que no son fundamentales. Pueden tener consecuencias, pero no serán graves.

Son casos urgentes, pero sin trascendencia después para tu vida. Muchas urgencias son puntuales y no son necesariamente importantes. A veces se solucionan solas, sobre todo cuando se trata de urgencias de los demás.

La mayoría de las personas cometen el grave error de ocuparse de las tareas urgentes, pero no importantes. Dedican tiempo a los elementos de la casilla 3 antes que a los de la casilla 2. Si te ocupas de la casilla 2 primero, evitas que estas tareas lleguen a la casilla 1. De este modo, siempre te anticipas a las urgencias importantes. Las urgencias que no son importantes no deben anteponerse a las tares importantes que te beneficiarán a largo plazo. En caso contrario, estarás siempre cambiando de rumbo para ir detrás de estas urgencias (que, con frecuencia, son urgencias de los otros o no son auténticas urgencias) y dejarás sin hacer tareas realmente importantes y que tendrán repercusiones en la consecución de tu éxito.

La casilla 4 incluye las tareas que normalmente recomiendo delegar. Suelen ser tareas domésticas o banales que consumen tiempo y energía, pero que no mejoran necesariamente tu vida.

También puedes utilizar la ley de Pareto (véase el capítulo 1) y preguntarte lo que, en tu lista de tareas, producirá el 80% de los resultados con el 20% de los esfuerzos. De este modo, modificarás o eliminarás algunas tareas con toda naturalidad.

Ante cada tarea, determina la duración aproximada que estimas para completarla. Este hábito te ayudará a desarrollar una mayor sensación de control.

Es una habilidad que se aprende, no te desanimes si te equivocas muchas veces. Cuanto más capaz seas de calcular el tiempo necesario para cada tarea, más posibilidades tendrás de prever el desarrollo de tu jornada. También tendrás una mayor autoestima. Tu visión global será más certera y avanzarás con más confianza.

Además, gracias a la ley de Parkinson (véase el capítulo 1), sabemos que, si estableces desde el principio el tiempo asignado a una tarea, tienes más posibilidades de realizarla en el tiempo previsto. Del mismo modo, si tienes presente tu tarifa por hora (véase el capítulo 2), puedes examinar algunas tareas con perspectiva y aceptar mejor su delegación.

Mi calendario semanal

En un calendario semanal, divide cada día en bloques. Reserva huecos para tus actividades familiares y de ocio, así como para tus encuentros profesionales periódicos. Empieza por lo más importante, de la misma manera que has procedido para la planificación diaria.

No olvides mantener un equilibrio entre la vida personal y la profesional. Ten presentes los objetivos que quieres alcanzar en cada ámbito de tu vida.

Por ejemplo, una vida de pareja feliz se construye con pequeñas y constantes atenciones. Una salud de hierro, con pequeños gestos a lo largo de todo el día.

Prevé también franjas horarias movibles. Establece tres o cuatro veces al día bloques de 30 minutos dedicados a imprevistos, urgencias, correos electrónicos, devolución de llamadas, pausas, etc. No los coloques justo antes de una actividad planificada que requiera un elevado rendimiento o una tarea de primordial importancia. Además, minimiza eficazmente, incluso suprime, las pausas durante las primeras horas, que son las que dedicas a las tareas más importantes del día. No interrumpas tu ritmo ni te distraigas antes de haber terminado, para reducir al mínimo el riesgo de procrastinación.

¡RECUERDA...

La diferencia entre lo urgente y lo importante

La importancia supera a la urgencia. Es preferible completar primero las actividades importantes (las que te acercan a tu objetivo) que las urgentes (sobre todo, si el nivel de urgencia lo define otra persona). Si te enfrentas a una urgencia, tómate el tiempo de reflexionar sobre su grado de importancia.

Además, establece un tiempo máximo para las urgencias. Unas cosas son más urgentes que otras. Según mi experiencia de *coach*, rara vez existen «auténticas» urgencias, a excepción de las cuestiones de salud. La mayoría de las personas afrontan urgencias porque se someten a los imprevistos de otro. Siempre tienes la opción de resolver esas urgencias durante los momentos del día que has bloqueado a tal efecto. La mayoría de los imponderables se pueden convertir en sucesos «previstos» cuando mejoras tu habilidad para planificar cada día.

Haz balance

Al final de cada día, tómate un tiempo para hacer balance. Hazlo también cada semana, con el fin de comprobar que mantienes el rumbo hacia tus objetivos a medio y largo plazo.

Repasa la lista de tareas y analiza tu nivel de éxito:
- ¿Cuántas tareas has realizado con eficacia?
- ¿Por qué has dejado de hacer algunas?
- ¿Cuál ha sido la causa del retraso?
- ¿Mantienes el rumbo hacia tus objetivos a corto y medio plazo?
- ¿Qué interrupciones han trastocado tu horario?
- ¿Qué imprevistos has tenido que afrontar?
- ¿Se trata de imprevistos recurrentes o de auténticas urgencias?
- ¿Cómo puedes remediar esos imprevistos?
- ¿Cómo puedes mejorar tu productividad?
- ¿Tu falta de conocimiento te bloquea y te impide completar tus tareas?

Una vez que hayas finalizado el análisis:
- Rectifica rápidamente tu planificación si ves que vas por el camino equivocado.
- Rectifica los errores y prométete mejorar.
- Invierte tiempo en formarte e investigar lo que la gente en tu situación ha hecho para mejorar su suerte. Recuerda

que no estás solo. Seguramente otra persona se ha enfrentado antes que tú a una situación similar. Es frecuente que esa persona haya dejado alguna pista, que haya escrito un libro o que ofrezca sus soluciones en Internet.

- Felicítate por tu éxito. Puedes premiarte con una salida suplementaria para celebrarlo. Premia también a tu familia si te ha ayudado a conseguirlo. Por ejemplo, recompensa a tus hijos con una salida familiar al sitio que ellos elijan cuando no te molesten mientras trabajas o cuando te dejen trabajar hasta más tarde un par de noches para que puedas acabar antes tus tareas.

Seguramente pensarás que hacer esta planificación te llevará mucho tiempo. Sin embargo, el tiempo que dediques a esta elaboración estratégica de tu calendario es, sin duda, tu inversión temporal más valiosa. **Con la experiencia, no necesitarás más de 15 minutos para plasmarlo todo en un papel.** Esta manera de actuar te reportará enormes beneficios. Tendrás menos ansiedad y más control, serás testigo de tu éxito fulgurante y confiarás más en tu porvenir. Te sentirás menos culpable por no haber acabado una tarea o por haberte olvidado de un elemento importante. Además, disfrutarás más del ocio y del tiempo libre.

Cuando escribes todo lo que tienes que hacer, tu mente se descarga y liberas espacio mental para disfrutar de la vida y para que se te ocurran ideas creativas, que son una fuente de bienestar.

EN LA PRÁCTICA

- La primera etapa para una gestión eficaz del tiempo es saber a dónde vamos y **fijarse unos objetivos.**

- Para lograr tus objetivos importantes (con frecuencia, imponentes), **divídelos en pequeñas tareas que puedan realizarse con facilidad.**

- Las tareas y las acciones que te conducirán a los objetivos deseados se incorporan a tu horario **por orden de prioridad.**

- Si llevas a cabo de 3 a 5 tareas cotidianas relacionadas con tu objetivo, lo conseguirás con toda seguridad.

CAPÍTULO 6

COMBATIR LA PROCRASTINACIÓN

«Siempre deberíamos pensar que vamos a morir al día siguiente. Lo que nos mata es el tiempo que creemos tener por delante.»

Elsa Triolet

La procrastinación es claramente el enemigo número uno del éxito. Si desarrollas estrategias para realizar tu trabajo de inmediato y con entusiasmo, podrás remediar esta catástrofe.

Se pierde mucho tiempo porque la gente cae en la procrastinación y demora la realización de tareas que son necesarias. Por ejemplo, ¿te pones a limpiar en vez de trabajar en un proyecto serio e importante? Cuanto más avanza el día, más difícil resulta cumplir con las obligaciones.

La procrastinación es uno de los desastres más perjudiciales para el éxito. Cuanto más aplazas tu obligación, más tiempo pierdes buscando excusas para no afrontar lo que debes hacer inmediatamente. De este modo, pierdes mucha energía preocupándote por no dedicarte en primer lugar a lo fundamental.

Las razones y los factores que nos llevan a procrastinar

¿Tienes tendencia a la procrastinación? ¿Reconoces alguno de esos «síntomas»?

- El miedo a equivocarse.
- La pausa a mitad de camino que se prolonga indefinidamente.
- El fenómeno del «ya he perdido la mitad del día, para qué me voy a poner ahora».
- El error de creer que trabajas mejor bajo presión y en el último minuto.

■ El éxito del proyecto desencadena un proceso mental inconsciente que te permite vislumbrar sus principales inconvenientes. De este modo, te «autosaboteas» antes de acabar.

■ La animadversión hacia la tarea que debes realizar. En este caso, es mejor delegarla sin demora (véase el capítulo 7).

Establece tu plan de trabajo el día anterior y léelo por la mañana para empezar tu jornada inmediatamente. No pienses antes de actuar. Ya has reflexionado cuando te dedicaste a planificar. Ahora es el momento de pasar a la acción.

Consejos antiprocrastinación

Para luchar contra la procrastinación, de la que nadie está libre, aquí tienes algunos trucos fáciles de recordar:

Divide las grandes tareas

Si consideras que no vas a poder terminar una tarea en un día, segméntala en pequeños tramos que serán más fáciles de realizar. Es el principio del salchichón. No puedes comértelo de una sentada. Es más fácil córtalo en finas rodajas…

Haz lo que debes y no solo lo que quieres

Empieza el día realizando lo más difícil que debas hacer. Como muy bien dicen Mark Twain y Brian Tracy: «Trágate ese horrible sapo lo primero». Comienza por la tarea que debas realizar necesariamente, por la más importante y, quizás, por la que te apetece menos. De este modo, no solo te sentirás mejor durante el resto de la jornada, sino que perderás menos tiempo mareando la perdiz. Luego, las demás tareas te parecerán más fáciles. Si tienes que «tragarte dos horribles sapos», empieza por el más gordo. Después de hacerlo, cuando te tomes un tiempo para relajarte y divertirte, no te arrepentirás de no haber hecho lo que tenías que hacer ni te sentirás culpable por ello. Disfrutarás más del ocio y, realmente, te sentirás más ligero, en lugar obsesionarte con la falta de un tiempo que has utilizado mal.

Repasa tu lista diaria de prioridades

Consulta habitualmente esta lista, definida en el capítulo 4, para no desviarte haciendo muchas cosas que no estaban previstas y no son fundamentales.

Pregúntate con frecuencia durante la jornada: «¿Estoy realizando un trabajo realmente importante o puede esperar al final del día?» Vuelve a tu lista de prioridades, con independencia de tu respuesta.

Cuando empieces una tarea, termínala

No permitas que las urgencias de los demás, los pequeños detalles evitables o tu yo no disciplinado te desvíen de tu planificación. **Cuando sabes que siempre terminas lo que empiezas, ganas en autoestima.**

Si alguien te molesta mientras trabajas, hazle saber que estás ocupado. Se dará cuenta de que has cambiado y que ya no permites que te distraigan. La gente te respetará más.

Si debes resolver un imprevisto real que te impide ejecutar una tarea prioritaria, apúntala en tu agenda para más tarde y pasa a la siguiente sin demora. De este modo, no pierdes tiempo pensando en lo que debes hacer, sino que continuas con un ritmo productivo.

TRUCOS Y ESTRATEGIAS

No acumules tareas que se puedan hacer rápida y sencillamente

Si es el caso, acábalas lo más deprisa posible y retoma de inmediato tu trabajo principal. En cambio, si algunas tareas requieren más tiempo (más de 2 o 3 minutos), agrúpalas en categorías similares. Por ejemplo, haz las llamadas telefónicas todas seguidas. Responde a todos los correos electrónicos en un momento determinado. Ocúpate de todo el papeleo a la vez.

Elabora una lista de cosas que no debes hacer. Esta lista puede ser más importante que la de las tareas. Escribe lo que no debes hacer bajo ningún concepto, así como las tareas que te hacen perder el tiempo y que has decidido eliminar. Al principio esta lista te parecerá larga, pero es importante enumerarlas para caer en la cuenta.

Deja de hacer cosas solo por sentirte «útil»

No porque trabajes más trabajas mejor. No llenes la jornada con actividades que te mantienen ocupado pero que no te llevan a ninguna parte. Cuando empieces una tarea, reflexiona sobre su grado de importancia. **La procrastinación consiste también en entretenerse en cosas inútiles para no trabajar en lo fundamental.**

Aprende a tomar decisiones rápidas

Se pierde mucho tiempo en rodeos inútiles. Evidentemente, si sientes la presión de tomar una decisión que tendrá importantes consecuencias para tu futuro, es fundamental que te pares y te lo pienses dos veces. Sin embargo, si dudas cada vez que debes decidir una cosa, puedes perder un tiempo considerable. Esa decisión tendrás que tomarla antes o después.

Adoptar las decisiones correctas con rapidez es un talento que se adquiere con la práctica. Cuanto más lo hagas, más capaz serás de aumentar tu velocidad deductiva y pasar a la acción. Muchas personas se arrepienten continuamente de las oportunidades perdidas por falta de rapidez a la hora de decidirse. Con frecuencia, es preferible equivocarse a no hacer nada. Cuanto más tiempo ganes, más tiempo tendrás para reflexionar adecuadamente antes de decidir.

TRUCOS Y ESTRATEGIAS

Una manera para asegurarte de tomar decisiones rápidas es fijarte un límite de tiempo para la reflexión. De este modo, tendrás menos posibilidades de eternizarte.

También puedes recurrir a un experto, un mentor o un *coach*. Pregunta a alguien que se haya enfrentado a esa situación en el pasado. Aprende de los errores de otro. Tómate un tiempo para formarte, sobre todo si se trata de decisiones importantes.

¡RECUERDA QUE...

¡Debes escucharte!

Si tienes la costumbre de meditar (véase el capítulo 8), estarás conectado con tu yo profundo y podrás confiar en tu instinto.

Si sientes malestar en la zona de plexo solar cuando te planteas una de las opciones, probablemente es signo de que no vas por el buen camino.

Establece procedimientos y utilízalo

Escribe todas las etapas concretas que te permitirán llegar hasta el objetivo. Céntrate en una tarea cada vez (véase el capítulo 6). ¿Cuántas personas se ven obligadas a volver a empezar porque han cometido errores de procedimiento?

Acuéstate más temprano

Al final del día, tu nivel de energía es más bajo que al principio de la jornada. Necesitas más tiempo para acabar una tarea por la noche que a primera hora de la mañana. En general, por la noche la gente ve la televisión o charla por Internet. Puedes utilizar ese tiempo para descansar. Levántate más temprano. Imagina que te despiertas una hora antes y que durante esa hora realizas las tareas más difíciles del día. Llevarás ventaja, como todos aquellos que han conocido el éxito. Te sentirás mejor y podrás disfrutar más de los placeres de la vida. Cuanto más éxito tengas, más a gusto te encontrarás contigo mismo y más desearás levantarte pronto para empezar tu jornada lo antes posible.

EN LA PRÁCTICA

■ **Al principio del día, haz una lista de tus actividades por orden de prioridad y repásala con frecuencia.**

■ **No pospongas las tareas urgentes.** Dedícate al trabajo fundamental desde el comienzo de la jornada.

■ No pienses sin cesar en todo lo que tienes que hacer. **Divide las tareas para realizarlas mejor.**

■ **Al final del día, elabora una lista con tus logros y las tareas cumplidas.** Esto reforzará tu confianza en ti mismo para el día siguiente. Anota también brevemente los progresos que quieres conseguir y los errores que corregirás la próxima vez, para no repetirlos.

CAPÍTULO 7

GESTIONAR BIEN EL TIEMPO EN EL TRABAJO

«Las personas que tienen éxito ponen atención en hacer las tareas correctas en lugar de hacer las tareas correctamente.»
Peter Drucker

Inviertes más de un tercio de tu tiempo en tu ocupación profesional. Una gestión eficiente es esencial para lograr un mayor rendimiento, obtener mejores condiciones de trabajo, reducir el estrés y quizás, incluso, conseguir una prima o un ascenso.

Ser más eficaz en el trabajo puede traducirse en un aumento de sueldo, una promoción o una protección del empleo en época de crisis. Es indudable que el jefe no quiere verte perdiendo el tiempo.

Si efectúas tu trabajo con eficacia, ganarás tiempo, así como la consideración de los directivos. Además, si realizas todas las tareas en el trabajo, te traerás menos preocupaciones a casa. Recuerda que la mayoría de las personas gestiona mal el tiempo y a muchas no les importa perderlo. Esas personas creen que tú piensas igual y, en consecuencia, querrán perder su tiempo contigo.

Las bases del éxito

Que te guste lo que hagas

Es fundamental que desempeñes un trabajo adecuado para ti, que te guste. Si tu trabajo te desagrada, no te sentirás realizado y el resto de tu vida se resentirá.

Si pasas un tercio de tu tiempo en una ocupación que te resulta frustrante, cambia de ocupación. La vida es demasiado corta para pasarla haciendo lo que no te gusta.

Puedes desarrollar una nueva carrera profesional gracias a las horas que ahorrarás con la lectura de este libro. Asiste a clases, fórmate, busca alternativas y, cuando te sientas preparado, ¡da el paso!

TRUCOS Y ESTRATEGIAS

¡El trabajo ideal es posible!

Si realmente detestas lo que haces y te pasas el tiempo quejándote, ¡cambia de trabajo enseguida! Si no estás contento durante 8 horas al día, es indudable que estás perdiendo el tiempo. El trabajo ideal existe. Solo tienes que ser la persona ideal para desempeñarlo. Si quieres conseguirlo, dedica tu tiempo a ser el mejor cualificado para el puesto ideal. Las personas que tienen éxito actúan así y tú también puedes hacerlo.

Comprende la naturaleza de tu puesto

Hay infinidad de individuos que no saben exactamente para qué los han contratado. Fuera de la lista de requisitos y de las tareas propias del puesto (que con frecuencia ni siquiera se especifican en la oferta), los trabajadores no saben por qué reciben un salario. A menudo, la descripción de su puesto ha evolucionado con el tiempo y la claridad de su posición en la empresa se ha ensombrecido. Esta situación les hace la vida imposible, porque las personas ya no comprenden el orden de prioridad de las tareas que deben realizar ni están seguras de dedicar su tiempo a lo más importante. Esta disparidad entre lo que se ha acordado en un principio, las nuevas expectativas sin explicitar del directivo y la ansiedad del empleado puede provocar el síndrome del trabajador quemado, así como salidas precipitadas que tienen un coste tanto para la persona como para la empresa.

Pregunta a tu superior sobre la prioridad de ejecución requerida y sus expectativas. **Nunca conseguirás un aumento de sueldo y te sentirás mucho más estresado en el trabajo si no sabes exactamente lo que se espera de ti.** Tendrás menos oportunidades de promoción si no conoces los aspectos en los que debes destacar o realizar un esfuerzo más importante. Si eres directivo, explica con claridad a tus empleados lo que deseas que hagan y los resultados que esperas de ellos. Fíjales también un plazo concreto.

Aplícate en el trabajo

Realiza bien tus tareas y ocúpate solo de lo que tienes que hacer. Sé bueno en el trabajo, pero no te esfuerces en exceso. Tu intención no es agotarte por completo, porque deseas estar en forma para tus veladas familiares. Utiliza tu energía con sensatez. Dedica tiempo a informarte sobre las diferentes herramientas que pueden aumentar tu eficacia. Constantemente salen novedades al mercado. Hazte con ellas. Ahorrarás tiempo y esfuerzo.

Sé puntual

Evita los retrasos a toda costa. Es un insulto para tu empleador o para las personas que te esperan. Su tiempo es tan valioso como el tuyo. Sal antes para estar seguro de acudir puntual a una cita. Podrías perder una promoción importante si tienes tendencia a llegar tarde.

La puntualidad suele asociarse a la competencia y la fiabilidad, dos cualidades fundamentales en el ámbito de los negocios. Además, si te retrasas puedes provocar otros retrasos por la acumulación de errores o accidentes.

Organiza tus desplazamientos

Cuando tengas que desplazarte por negocios, planifica tus citas de manera que vayas en sentido inverso al tráfico, así evitarás los atascos. Apréndete los atajos y sal de las vías rápidas. Las calles periféricas suelen estar menos congestionadas que las autopistas. Sé más astuto que los demás, que siguen a la marea de coches por costumbre. Además, concentra tus citas en las zonas próximas para no perder tiempo entre ellas. Tómate la hora de comer después de las aglomeraciones, conseguirás un servicio mejor y comerás en paz.

Llega más temprano y márchate más tarde

De este modo, ganarás un tiempo considerable en el desplazamiento y en eficacia. Durante esos periodos, disfrutarás de un tiempo precioso y sin interrupciones que te promete concentración y productividad. **Puedes ganar hasta un día entero de trabajo en esos momentos de calma y tranquilidad.**

Además, si sales más tarde, tienes la excusa perfecta para no verte obligado a hacer vida social con esos colegas a los que no les importa perder el tiempo. Tampoco te sentirás frustrado por estar parado en un atasco. En definitiva, podrías conseguir un ascenso o un aumento de sueldo.

Una buena organización

Está demostrado que un número considerable de trabajadores pierden alrededor de 2 horas debido a su falta de organización. Se pasan el tiempo buscando el número de un posible cliente, un archivo importante, su bolígrafo, el correo electrónico de un contacto vital para la empresa o el nombre del restaurante favorito de su socio en los negocios. Tu inteligencia puede ayudarte a recordar el lugar donde se encuentra cada papel o cada documento. Sin embargo, utilizas una porción del cerebro para almacenar información, cuando podrías emplear esas neuronas en solucionar cuestiones fundamentales.

La gente poco organizada tiene una reputación negativa en el trabajo. Por lo general, no conseguirá una promoción porque da una imagen de persona desorganizada y poco fiable. Tómate el tiempo de observar tu mesa como si fuera la de un compañero. ¿Qué imagen te formarías de él?

Recuerda que el desorden exterior y visible suele asociarse a un desorden interior e inconsciente. Es difícil tener ideas ordenadas en una mesa desorganizada.

Retira de tu mesa todo lo que no sea esencial para el desempeño de tu trabajo: el exceso de elementos decorativos, los pósits que se acumulan o las herramientas que no utilizas a diario. Cuantas más distracciones obstruyan tu campo visual, menor será tu capacidad de concentración.

¡RECUERDA QUE...

Si organizas tu mesa de trabajo y tu ordenador, tu eficacia aumentará de un 20 a un 40%. Establece un sistema de clasificación a prueba de bomba. La desorganización es una de las principales causas de pérdida de tiempo personal y profesional.

Los buenos hábitos

- Adopta el hábito de definir un sistema de clasificación que se adapte a ti, que lo puedas utilizar siempre y con asiduidad.
- Acostúmbrate a no esconder las herramientas que necesites.
- Ordena la mesa antes de llegar a un nivel de desorden insalvable.

■ Ten la costumbre de clasificar los expedientes sobre la marcha. Establece códigos de colores o cajas de archivo.

En el trabajo y en la vida, deshazte de lo superfluo

Este principio sirve para la ropa, los papeles, los expedientes, etc. Plantéate con frecuencia esta pregunta: «¿Realmente lo necesito?» Si la respuesta afirmativa tarda en salir, deberías dar o tirar el objeto en cuestión. Haz sitio en tus armarios como te gustaría hacerlo en tu cabeza. Tendrás más posibilidades de llenar ese espacio con ideas o con objetos que realmente te sirvan. Incorpora este hábito de limpieza a tu planificación semanal. Evita que el desorden vuelva a instalarse. A la larga, ganarás mucho tiempo con el orden.

■ Divide la pila de papeles en distintos montones: el montón principal es lo importante y lo urgente. El segundo montón, lo que no es tan importante y puede esperar a mañana. Organízalos por orden de prioridades y de plazos, sobre todo si se trata de facturas sin pagar. El último montón es el que se encuentra en la basura de papel.

¡Cuidado con los pósits!

Muchas personas utilizan los pósits alegremente. Al final, su mesa de trabajo, el salpicadero de su coche, su mesilla de noche y su frigorífico están cubiertos de pequeños papeles de colores. Estas notas se pierden con frecuencia. O te recuerdan sin cesar tu incapacidad para solucionar esas cuestiones. Usa los pósits únicamente para tareas de corta duración o como recordatorios de cosas que terminarás en el día. No escribas números de teléfono importantes ni ideas creativas que cambiarán tu existencia ni tu plan de jubilación. Para todos los temas trascendentales y que tienen una duración superior a un día, utiliza la agenda o un cuaderno. Lo mismo se aplica a cada planificación que hagas. Acostúmbrate a anotarla en soportes de larga duración y que no se extravíen con facilidad.

Un ordenador funcional

Organiza también tu ordenador:
- No dejes 101 archivos visibles en la pantalla (el escritorio).
- Ordena las carpetas según las crees. Ponles un nombre lógico para que puedas encontrarlas después.
- Organízate de la manera más conveniente a largo plazo y adopta una rutina.
- Utiliza un árbol de directorios y clasifica correctamente las carpetas desde el principio.
- Organiza los correos electrónicos recibidos para que puedas encontrarlos con facilidad. Conserva copias de todos los documentos en discos duros externos, por ejemplo, y actualízalas regularmente.

Convierte el reciclaje en tu mejor amigo

Una buena costumbre es gestionar un documento una sola vez antes de archivarlo. Plantéate la siguiente pregunta: «Si este papel desapareciera, ¿me haría realmente falta?» Así podrás hacer una limpieza muy rápida y eficaz. Del mismo modo, los documentos informáticos como los correos electrónicos solo tendrían que gestionarse una vez. La bandeja de entrada de tu correo debería estar habitualmente vacía. Cuanto más llena está, más tiempo pierdes revisando todos los mensajes antes de releer el que deseas contestar.

Una disciplina férrea

A cerca del 80% de la población occidental no le gusta su trabajo. Son las personas que te encontrarás en tu vida diaria. Son negativas y solo tienen un objetivo en la cabeza: procurar que se pase la jornada lo más rápido posible sin tener que hacer el trabajo que detestan. Por este motivo, intentarán pasar todo el tiempo posible contigo. Y a ti te corresponde no perder ese tiempo.

¡Alto a las interrupciones!

Algunas personas pierden su tiempo y te hacer perder el tuyo. Por lo general, son aquellas a las que no les gusta su trabajo y pretenden escapar de sus tareas haciendo compañía a sus colegas. Sus conversaciones son negativas, protestan y se quejan sin cesar.

Recuerda la regla de Pareto (véase el capítulo 1). También se aplica en este caso: el 20% de los individuos producen el 80% de los resultados y el 80% de los individuos pierden el tiempo. ¿A qué categoría deseas pertenecer? En una empresa de ventas, los que tienen éxito son los que hablan con los clientes, los otros se quejan de la falta de clientela.

EN LA PRÁCTICA

No permitas que tu familia te moleste. Esta norma se aplica de manera particular a los trabajadores autónomos. Muchas personas de la familia piensan que trabajar por cuenta propia significa estar disponible para todas sus urgencias.

Debes separar tu tiempo personal y tu tiempo profesional. Conviene que seas estricto y disciplinado para mantener una distancia entre ambos. Apaga el teléfono si hace falta. Gestiona con eficacia las expectativas de los demás, ya sean amigos o clientes. Establece unos límites. Promete responder de inmediato a sus llamadas solo si tienes realmente la intención de hacerlo.

Conversaciones útiles

Procura que tus conversaciones sean cortas. Si no tienes que comentar ninguna cuestión importante relacionada con tu trabajo, evita a tus compañeros. Deseas un puesto mejor o una subida de sueldo para que tu tiempo valga más. Deseas conservar tu empleo en caso de crisis o de despido. Si entablas amistad con algunos compañeros, charla con ellos fuera del horario laboral. Por desgracia, es frecuente que sea tu superior inmediato una de las personas que te hacen perder el tiempo. Con cortesía, intenta limitar esas conversaciones.

Si debes llamar a un compañero para obtener una información y no quieres que la conversación se alargue, recuerda el objetivo de la llamada y no te apartes de él. En la misma línea, llámale cinco minutos antes de la hora de comer o al final de la jornada. De este modo, tendrás la seguridad de que tu interlocutor acortará la llamada. No hagas a los demás lo que no deseas que te hagan a ti. No los interrumpas sin motivo. Respeta como te gustaría que te respetasen.

Reuniones eficaces

Sobre un tema similar, evita las reuniones si puedes. Si te invitan a participar en una sesión, infórmate sobre su naturaleza, su importancia y la obligación que tengas de asistir. Si no es esencial, sáltatela. Si diriges una reunión, ten presente el orden del día y no te apartes de él. Además, empieza y acaba a la hora, sin preocuparte por los que se retrasen.

EN LA PRÁCTICA

- **Organiza tu mesa de trabajo y evita las interrupciones:** ganarás mucho en tiempo y serenidad.

- **Modifica algunos hábitos** y tu jornada, así como tu tarifa por hora, cambiarán por completo. De repente te encontrarás con mucho tiempo libre.

- **Comprende la naturaleza de tu puesto de trabajo para ser más eficaz.** Pídele a tu jefe que te explique las prioridades en su visión de la empresa para que tu trabajo sea más productivo.

- **Recuerda lo que es realmente importante.** Quieres ser más eficaz en el trabajo para acabar antes y pasar más tiempo con tu familia, y quizás también para ganar más dinero.

CAPÍTULO 8

RESERVARSE TIEMPO PARA UNO MISMO

Por desgracia, muchas personas esperan a que sea demasiado tarde para parar, hacer una pausa o tomarse unas vacaciones. Piensan que, trabajando más, con un ritmo más intenso, conseguirán subir los escalones de la fortuna y el éxito. Pero ese alarde de energía, ese derroche de actividad y celeridad, no solo se aplica a la vida profesional. Con demasiada frecuencia, esos excesos afectan a la salud y acabamos pasando mucho más tiempo recuperándonos de ellos.

Cada individuo empieza su jornada con 86.400 segundos en su contador. Las personas más felices son las que saben disfrutarlos a tope, transformando el máximo de segundos en inolvidables instantes de felicidad.

La finalidad de una buena gestión del tiempo es tener una vida más positiva, equilibrada y sencilla, es pasar más tiempo con tu familia y practicar tus aficiones favoritas.

Si te quedaran seis meses de vida, o incluso diez años, ¿no querrías hacer todo lo que desearas y tener el tiempo organizado para aprovechar la vida al máximo?

Saber parar

Cuando la salud es buena, se considera un derecho adquirido. Recuerda que debes cuidar esta máquina compleja que te permite avanzar en la vida.

Pararse, a veces, es la mejor manera de avanzar. Tomarse el tiempo de escuchar al cuerpo puede hacerte ganar mucho tiempo a largo plazo.

Antes de pretender complacer a tu jefe, a tu familia y a tus amigos, piensa en mimarte y cuidarte. Si te sientes agotado, nervioso, deprimido o irascible, seguramente tienes que resolver una profunda insatisfacción interior.

Haz pausas

Haz más pausas, pero procura que sean cortas. Está demostrado que, al cabo de 40 o 60 minutos, el nivel de concentración tiende a descender. Si paras 5 minutos como máximo, le das la oportunidad al cerebro de centrarse de nuevo y generar nuevas ideas creativas.

Respeta tu reloj interno

Antes de ponerte a planificar cada día (véase el capítulo 5), lo que te hará ganar mucho tiempo, te recomiendo que reflexiones sobre tu horario interno.

Todos tenemos un reloj interior, con un ritmo único y diferente. Algunas personas desbordan energía mental por la mañana y otras son más eficaces por la noche.

Dedica unos instantes a pensar en tu reloj interno:
- *¿Tengo más energía por la mañana o por la tarde?*

- *¿Retengo mejor la información que leo por la mañana o por la noche?*

Es importante que tu horario interno coincida con tu horario externo. Por ejemplo, no deberías hacer ejercicio físico cuando estás más ágil mentalmente. Mejor será que pases ese tiempo elaborando tu planificación económica o desarrollando tus conocimientos en un nuevo campo de interés.

Muchas personas no sincronizan esos dos relojes. En consecuencia, se sienten frustradas. Su cerebro está en ebullición cuando hacen transpirar a su cuerpo. Por otra parte, se sienten nerviosas y menos concentradas para pensar cuando su cuerpo necesita hacer ejercicio físico.

Este pequeño ajuste puede hacerte ganar mucho tiempo, así como ahorrarte muchas frustraciones y contrariedades. Serás capaz de utilizar con más eficacia tu energía y canalizarla hacia donde sea más útil.

EJERCICIO

¿Cuál es mi reloj interno?

Pregúntate en qué actividad eres más y menos productivo en diferentes momentos del día: por la mañana, por la tarde, por la noche, antes de acostarte…

Este ejercicio te dará pistas sobre tus momentos fuertes en cada ámbito de tu vida. Del mismo modo, puedes hacer una lista de los medios que utilizas para recargar las pilas. ¿Cambiar de actividad, caminar, desperezarte, mirar la foto de tu pareja, llamar a un amigo…? Ten presentes estos medios. Así, cuando te falte motivación para acabar tu lista diaria de tareas, puedes ofrecerte un «pequeño estimulante». ■ ■ ■

**Puedes hacer el mismo ejercicio para tener un mayor cono-
cimiento de tus momentos fuertes a lo largo del año.**
¿Cuánto tiempo eres capaz de trabajar intensamente sin
tomarte un descanso? A veces, quizás sea más interesante
parar cada mes durante 4 o 5 días que esperar a estar quemado para tomarse 2 semanas de vacaciones.

Ten un horario regular de sueño

Acostúmbrate a levantarte siempre a la misma hora, incluso
en vacaciones. Algunas personas esperan el fin de
semana con impaciencia y acaban pasándose la mitad en
la cama.
Si no cambias sin cesar tu reloj biológico interno, tu cuerpo
sabrá cuándo es hora de descansar. Ganarás en calidad de
sueño. Te dormirás con más facilidad y te despertarás en
plena forma al día siguiente. **Cuanto más cansado estés,
menos energía tendrás para funcionar y, por lo tanto,
perderás más tiempo.**

Reduce el consumo de alcohol

Obviamente, el alcohol te ralentiza. También disminuye tu
calidad de sueño. Es recomendable, asimismo, dejar de
fumar. Desde luego, el tabaco es nefasto para tu salud, pero
igualmente afecta a tu horario. Un cigarrillo puede represen-
tar de 5 a 10 minutos. Si te fumas un paquete, quemas lite-
ralmente más de 3 horas al día.

Aprende a decir «no»

Aprende a eliminar a las personas negativas, los correos electrónicos superfluos, las acciones inútiles, las tareas que puedes delegar o que no son esenciales y las diversiones que no te aportan ningún beneficio duradero. Resuelve tus problemas y sigue tu camino. No te entretengas con la desorganización de otro, de tu mesa o de tu pasado. Aprende a limpiar y a hacer tabla rasa con frecuencia. Ganarás mucho tiempo y mucha energía.

Vivir el instante presente

Se trata de centrarse en el momento presente, de vivirlo de forma plena y consciente. Tanto en tu vida profesional como en tu vida personal, si estás concentrado, cometerás menos fallos. Repetir varias veces una operación mal hecha requiere más esfuerzo mental y energía personal que hacerla bien a la primera.

Si nos concentramos en el «aquí y ahora», evitamos despistes que pueden costarnos caros.

El tiempo es la mayor riqueza de la vida porque nunca se puede volver atrás. Por ello, es importante **concentrarse en el presente y vivir cada momento al máximo.** Cuida tu tiempo con el fin de emplearlo para amar a tus seres queridos, para estar ahí para tus hijos y tus amigos.

Debes estar presente en lo que hagas

Dedica tiempo a preparar bien lo que tienes que hacer. Pon por escrito las etapas que debes seguir con la máxima concreción posible para reducir el tiempo de ejecución. Cuando te preparas de forma adecuada, eres más rápido porque tu cerebro trabaja menos pensando en valores desconocidos. Si te marcas una sola dirección y tienes presentes todas las etapas que has establecido previamente, tu eficacia se multiplicará.

EJERCICIO

Meditar para fortalecer la mente

La meditación es una forma avanzada de concentración. Cuando meditamos, nos esforzamos en centrar nuestra atención en un pensamiento, en el silencio o en una nota musical. **Cuando te entrenas para desarrollar tu capacidad de atención, aumentas tu productividad en todos los ámbitos de tu vida.** Si estás más concentrado al realizar una tarea, de cualquier tipo, la terminarás con más rapidez y eficacia. Si estás más centrado en tu trabajo, no cometerás errores y tendrás más capacidad para resolver las dificultades.

Te recomiendo empezar y acabar el día con una sesión de meditación. Comienza con 5 minutos de silencio. Aumenta poco a poco la duración hasta llegar a los 20 minutos, de una a tres veces al día. Si tienes la sensación de que las mañanas son imprevisibles debido a tus responsabilidades familiares y a que tus hijos no te dejan un minuto en paz, levántate más temprano, antes que el resto de la familia. De este modo, podrás disfrutar de un tiempo para ocuparte plenamente de ti. ∎∎∎

Un tiempo de meditación matinal y regular transformará tu vida. Además de los efectos beneficiosos para la salud y la calidad del sueño, experimentarás muchos otros efectos positivos. Estarás más sereno y podrás afrontar los imprevistos con más calma. Encontrarás con más facilidad soluciones a los problemas cotidianos. Te sentirás más centrado y menos estresado. ¿Por qué privarte de este alimento imprescindible para tu alma?

Destaca en lo que merece la pena

Mucha gente siente frustración porque trabaja con intensidad sin obtener resultados equivalentes a ese esfuerzo. La razón es muy sencilla. La mayoría de las personas ponen mucho empeño y parecen decididas a terminar perfectamente tareas que no tienen ninguna importancia. A menudo, interrumpen su trabajo para consultar el correo electrónico y ver lo que sus amigos han publicado en las redes sociales, sin darse cuenta de que esa simple distracción tiene un alto coste en concentración y eficacia. De ello se deriva mucha ansiedad y estrés.

Antes de lanzarte a una nueva ocupación, pregúntate por su valor. Pregúntate si responde o no a tu objetivo principal. Hazte esta pregunta sin cesar para centrarte solo en las tareas verdaderamente importantes.

Del mismo modo, en tu vida personal, no dediques montones de energía a cosas o personas que no merecen la pena, que no te gustan realmente o que no te aportan felicidad.

El tiempo pasa y no se puede recuperar. No gastes tu precioso tiempo en actividades inútiles, que no te aportan nada positivo. Estas actividades incluyen quejarse, cotillear, recordar viejos rencores, planificar venganzas, hablar de los problemas (sin buscar una solución), discutir, etc.

Una regla fácil de aplicar es la del 5-5. Si dentro de 5 años ese acontecimiento, o ese individuo, ya no tendrá importancia, no pases más de 5 minutos con él.

Practica la escucha atenta

Cuando hables con un interlocutor, céntrate en lo que dice. ¿Cuántas veces, por falta de atención, se te ha olvidado un detalle importante y has perdido una oportunidad de oro? Deja en casa los problemas familiares y no te lleves a casa las preocupaciones profesionales.

Cuando hables con una persona, no pienses en la charla que has tenido con otra. Si la conversación es telefónica, coge un bolígrafo y un papel para tomar notas y que no se te pase nada.

No te disperses

Céntrate en el trabajo que debes hacer y solo en él. Hay estudios que demuestran que, si realizas una tarea con inicios y paradas, interrumpiéndola sin cesar y retomándola después, necesitas cinco veces más tiempo que si la ejecutas de un tirón.

Tu cerebro necesita mucho tiempo para concentrarse de nuevo en la tarea que tienes que terminar. Si la haces de un tirón, no te verás obligado a sumergirte en ella sin cesar.

En contra de la creencia popular, hacer más de una cosa a la vez es nocivo para una realización eficaz. Puedes hacer varias cosas a la vez cuando no son importantes. Sin embargo, en la mayoría de los casos, es recomendable concentrarse en un solo trabajo.

Una tarea que se repite continuamente se convierte en mecánica y natural. Por ejemplo, si debes captar un nuevo cliente con una oferta de venta, te serás más fácil descolgar el teléfono la segunda vez, luego la tercera, etc. Si pasas del teléfono a la redacción de un contrato y luego otra vez al teléfono, cada vez vuelves al mismo nivel de dificultad, además de tener que centrarte continuamente. Lo mismo ocurre en la vida personal. Por ejemplo, si hablas con tus hijos o con tu pareja, apaga todo lo que pueda desconcentrarte. No veas la televisión mientras comes, concéntrate en los alimentos y en los beneficios que te aportan. Cuando conduzcas el coche, no hagas otra cosa.

En ocasiones se necesitan diferentes partes del cerebro para efectuar diferentes operaciones. Su activación requiere tiempo y energía. En consecuencia, agrupa las tareas del mismo estilo y realízalas unas detrás de otras. **Cuando agrupas las tareas, ahorras hasta un 80% del tiempo necesario para completarlas por separado.**

Además, a base de repetir la misma tarea, la harás a la perfección. Si eres más hábil, tendrás más tiempo para pensar y cometerás menos errores. Termina lo que has empezado. Te ayudará a tener más confianza en ti mismo y, continuando lo que has iniciado hasta acabarlo, evitarás la procrastinación (véase el capítulo 6). De este modo, no pierdes el hilo de tus ideas ni de tu motivación.

La generosidad y la gratitud

La generosidad y la gratitud pueden tener efectos casi milagrosos sobre la gestión del tiempo. Está demostrado que atraemos hacia nosotros aquello a lo que dedicamos más atención. En consecuencia, cuanta más gratitud sientas por el tiempo que se te ha concedido, más tiempo libre obtendrás. Cuanto más te quejes del tiempo que te falta, más tiempo te faltará. Es un fenómeno espiritual conocido y probado por investigaciones sobre el funcionamiento del cerebro. Por lo tanto, es más ventajoso dar gracias habitualmente y ser consciente del tiempo «gratuito» que se te ha concedido. Haz una lista diaria de diez elementos temporales por los que sientes gratitud y verás obrarse el milagro.

Además, la generosidad atrae hacia ti lo que das de todo corazón. Si necesitas más tiempo, da un poco a los demás. Dedica tiempo a ayudar a un amigo que necesita hablar u ofrece unas horas a una obra caritativa. Esto te permitirá caer en la cuenta de que tienes suficiente, lo que producirá como consecuencia que tengas más. Lo que das generosamente te será devuelto en mayor cantidad.

Renunciar al control

Las personas rara vez piensan en delegar en otras o en contratar a alguien para hacer determinadas tareas. **En lugar de hacerlo todo solo, acostúmbrate a distribuir una parte de tu trabajo con el fin de poder concentrarte más.** La gente que tiene más éxito deja los detalles a los demás y desarrolla aquello por lo que está mejor remunerada.

Contrata todo lo que te cueste demasiado caro

Para hacerlo, debes haber determinado tu verdadero valor. Los trabajos que vas a contratar incluyen, evidentemente, cortar el césped, limpiar la casa, lavar el coche, etc. También puedes contemplar varias tareas de oficina: pedir citas, organizar los papeles, redactar contratos, etc. Pasa esas horas ganando más dinero, completando tu nivel educativo o disfrutando de tu familia.

Muchas personas tienen miedo a perder el control y quieren hacerlo todo ellas mismas. Están estresadas, desbordadas con su horario y todas las tareas acumuladas. Se empeñan en realizar lo que otros podrían hacer con más rapidez y eficacia. Piensan que nadie es tan apto como ellas para terminarlo. Conozco vendedores que pierden su tiempo cumplimentando contratos cuando podrían aumentar sus ventas (y sus ingresos) si dedicaran menos horas al papeleo. ¿Te has dado cuenta de que los vendedores de éxito contratan a una asistente?

Puedes encontrar un asistente virtual por un módico precio a la hora, que se ocupe de organizar citas y viajes de negocios, responder a correos electrónicos sin importancia, enviar tarjetas de felicitación o de invitación, etc.

Contrata todo lo que no sepas hacer con eficacia

Muchas personas tienen miedo de preguntar a alguien que conocen. Temen la opinión de los demás si revelan su ignorancia. Por ejemplo, hay individuos que llevan su propia contabilidad. De este modo, se crean muchos problemas y estrés. Discuten con su pareja porque no han recopilado las cifras correctamente y acaban pasando largas noches en vela. Estas personas pierden muchas horas analizando cuestiones que no dominan, con el riesgo de cometer errores graves, en lugar de dejarlas en manos de un experto y disfrutar de una vida tranquila.

Invertir tiempo en tu desarrollo personal

Recuerda que, cuanto más informado estés, más rápido avanzarás. A medida que seas un eficiente experto, que sabe emplear su tiempo con inteligencia, aumentará el valor de tu hora de conocimientos y pericia.

Invierte el tiempo en tu desarrollo personal. Es uno de los pilares fundamentales del éxito.

Conocer gente interesante

Acostúmbrate a tratar con individuos competentes, sobresalientes y que saben gestionar su tiempo con eficacia. A la larga, podrás incluso entablar relaciones positivas y estimulantes con ese tipo de personas. Aprenderás más, te sentirás menos aislado y estarás motivado para ser mejor.

Recuerda que tu vida, dentro de 5 años, se parecerá a la media de las vidas de las personas con las que pasas más tiempo. Es importante elegir a personas que utilizan su tiempo como a ti te gustaría hacerlo, de manera positiva. Evita a la gente negativa que siempre habla de problemas. Te darás cuenta de que, cuanto más te libres de personas que devoran tu tiempo, más te abrirás a conocer gente interesante.

Nuevos horizontes

Utiliza los ratos «perdidos» para formarte. Por ejemplo, en los desplazamientos: probablemente pasas el equivalente a 1.000 horas anuales en el coche. Puedes escuchar audiolibros mientras conduces. Será más beneficioso que oír malas noticias en la radio. Lleva contigo revistas sobre el campo que te interese cuando vayas al médico, al dentista o a la peluquería, para aprovechar al máximo el tiempo que pasas en las salas de espera. También puedes llevarlas cuando vas a la compra y tienes que hacer cola en la caja.

TRUCOS Y ESTRATEGIAS

En lugar de leer la sección de deportes del periódico en la pausa del desayuno, infórmate sobre los nuevos avances en tu sector de actividad. Puedes convertirte en un experto de ese ámbito en muy poco tiempo si utilizas todas las pausas para formarte en un campo específico. Los expertos ganan salarios más elevados, son más respetados y consiguen ascensos. Ten presente que el tiempo de la comida representa unas seis semanas al año, utilízalo también de forma consciente.

Todos esos momentos son regalos de tiempo, instantes en los que te ves obligado a esperar. Toma esos regalos y transfórmalos en conocimientos que te serán útiles. Podrías completar los estudios equivalentes a uno o dos semestres universitarios solo con utilizar esos ratos libres. Tienes la opción de sentirte víctima de esos momentos o de recuperar el control sobre ese tiempo.

Mantener el equilibrio

He establecido una proporción para ayudarte a distribuir tu tiempo de forma más objetiva.

Del 100% del tiempo semanal neto de que dispones (descontado el tiempo de descanso), es decir, de unas 112 horas:

- Un 40% (unas 45 horas) se dedica al trabajo (incluido el transporte).
- Un 5% (unas 5 horas) se destina a la reflexión (planificación, búsqueda de soluciones, etc.).
- Un 10% (unas 11 horas) se reserva para uno mismo (regalos que te puedes hacer: *spa*, televisión, espiritualidad, etc.).
- Un 20% (unas 22 horas) es el tiempo que se dedica a la familia y los amigos.
- Un 10% (unas 11 horas) se puede ofrecer a una causa social o a ayudar a los amigos.
- Un 15% (unas 17 horas) se invierte en formación (estudiar un nuevo pasatiempo, lectura, deporte, etc.).

Por supuesto, esta distribución no es restrictiva en absoluto. Ofrece únicamente unas pautas que permiten un mejor equilibrio temporal. Puedes calcular durante una semana el tiempo que inviertes en cada una de estas categorías. Te servirá para identificar tus prioridades inconscientes. Un acusado desequilibrio en una de ellas conlleva sin duda problemas a largo plazo. Por ejemplo, si pasas el 60% de tu tiempo en el trabajo (y el desplazamiento) y el 40% entre la tele e Internet (lo que ocurre con frecuencia), tu salud física y mental se resentirá rápidamente. Sobre todo, si ese 40% va acompañado de bebidas alcohólicas y comidas abundantes. Es más fácil recuperar los buenos hábitos antes de que la salud te obligue a ello.

El equilibrio se trabaja. El largo plazo empieza ya. Aprende a cuidar tu envoltura carnal, es la máquina que te transporta por la vida. No corras en pos de fortuna para luego gastártela en salud. Dedica tiempo a ocuparte de ti mismo, es una inversión que merece la pena. Es más fácil y menos costoso mantener una máquina que repararla. No sirve de nada correr y... caerse.

TRUCOS Y ESTRATEGIAS

Llevar un diario del tiempo

Ten siempre a mano un diario donde apuntes el modo en que empleas el tiempo. Adopta el hábito de mirar el reloj con frecuencia. Escribe lo que estás haciendo en ese momento. Poco a poco, tu diario será más completo y preciso. Es un hábito importante que puedes adquirir desde hoy mismo.

Es sorprendente ver el desajuste entre las acciones en las que piensas haber invertido más tiempo y aquellas en las que lo has perdido de hecho. A veces es recomendable tener un cronómetro para calcular exactamente qué acción del día es la más costosa y cuál es la más provechosa. Quizás te sorprenda comprobar la gran diferencia que hay entre el tiempo que has pasado trabajando realmente y el que has dedicado a marear la perdiz o a hacer vida social.

Al cabo del tiempo, descubrirás las actividades que más se ajustan a los objetivos que te has fijado y las que debes eliminar porque no te aportan nada realmente positivo.

■ **Haz pausas frecuentes y escucha tu reloj interno.** Aprende a descansar y a seguir los movimientos naturales de tu energía.

■ **Aprende a vivir en plenitud el momento presente.** Obtendrás un mayor bienestar y ganarás tiempo.

■ **Invierte tiempo en tu desarrollo personal.**

■ **Invierte tiempo en ser una persona mejor,** con una vida más armoniosa, más equilibrada y, por lo tanto, más feliz.

Conclusión

Ahora tienes todas las claves para aprender a gestionar el tiempo y convertirlo en un importante aliado, tanto en tu vida personal como en el ámbito profesional.

Relee este libro si pierdes el rumbo o si deseas sustituir una vieja y perniciosa rutina por un hábito nuevo y eficaz. Recuerda que hacen falta unos 28 días para cambiar una costumbre. En gestión del tiempo, a veces son necesarios 90 días para ver resultados. Sin embargo, en cuanto hayas establecido un nuevo sistema y te hayas acostumbrado a él, tu vida se transformará por completo, para mejor.

Puedes escribirme a **slavicainc@gmail.com** para tenerme al corriente de tus resultados. Me encantará saber cómo has conseguido gestionar tu tiempo. También puedes localizarme a través de mi página web **www.slavicabogdanov.ca.**

¡Te deseo que descubras mucho tiempo libre!

Bibliografía

101 Ways to save time every day,
Slavica Bogdanov, Createspace, 2012.

¡Tráguese ese sapo!: 21 estrategias para tomar decisiones rápidas y mejorar la eficacia profesional,
Brian Tracy, Empresa Activa, 2017.

Excuses be gone,
Wayne Dyer, Hay House, 2009.

It's about time! The six styles of procrastination and how to overcome them,
Linda Sapadin, Jack Maguire, Viking, 1996.

Le Millionnaire paresseux,
Marc Fisher, Un Monde différent, 2006.

Primero, lo primero: vivir, amar, aprender, dejar un legado,
Stephen Covey, Paidós Ibérica, 2009.

Take yourself to the top,
Laura Berman, Fortgang, 1998.

Organice su tiempo: desde dentro hacia fuera,
Julie Morgenstern, Editorial Open Project Books, 2001.

You don't have to go home from work exhausted,
Ann McGee-Cooper, Duane Trammell, Bantam Books, 1992.